ZOUCHU RONGZI SHANGSHI · YU GUQUAN JILI DE WUQU

走出融资上市与股权激励的误区

秦绪荣 著

中国商业出版社

图书在版编目(CIP)数据

走出融资上市与股权激励的误区 / 秦绪荣著. －－北京：中国商业出版社，2018.7

ISBN 978-7-5044-9163-3

Ⅰ.①走… Ⅱ.①秦… Ⅲ.①企业融资－研究 ②股权激励－研究 Ⅳ.①F275.1②F272.923

中国版本图书馆 CIP 数据核字(2018)第 134919 号

责任编辑:孙锦萍

中国商业出版社出版发行
(100053 北京广安门内报国寺 1 号)
010-63180647　www.c-cbook.com
新华书店经销
河南承创印务有限公司印制
*
710 毫米×1010 毫米　16 开　15 印张　173 千字
2018 年 7 月第 1 版　2018 年 7 月第 1 次印刷
定价:68.00 元
* * *
(如有印装质量问题可更换)

写在最先的风险提示

如果您是投资者：

股权投资的风险非常高，相对来说成功率偏低，所以如果您仅通过本书了解股权投资的知识和内容，想要参加本书提到的众筹平台或通过其他方式参与股权投资的，这些信息和知识对您来说是不够的，目前国家对于股权众筹并没有相关法律法规作支撑，仅仅处于向社会征求意见的阶段，还是灰色地带，请您务必仔细了解相关知识并慎重投资，以免给您带来不必要的损失。

虽然目前国家对于P2P有相关制度约束，并要求对资金进行银行托管，但并不是每一家都是按国家相关要求进行运作的，所以如果您想参与本书提到的P2P的债权投资，请仔细了解每个平台的情况，并根据自己的经济情况做出投资决定。债权投资相对于股权投资风险稍小，但整体风险依旧很高，一旦平台发生兑付违约，损失是难以追回的或追回成本可能高于投资成本，因此务必谨慎投资以规避风险。

如果您是项目拥有者或企业的创始人：

如果您想参与本书提到的众筹平台进行股权融资，请您务必详细了解众筹平台的具体运作情况及众筹合约的条款，请专业人员协助您参与；目前国家对于股权众筹并没有相关法律法规做支撑，请您务必仔细了解相关知识并慎重融资，以免触犯相关法律法规，增加法律风险。同时众筹的成功率并不是100%，所以事先应当评估融资失败后的风险是否能够承受；股权众筹对于投资人和融资人都是有风险的，所以务必谨慎为之！

如果您是为企业提供专业服务的人士：

本书主要是为企业家提供一些基础知识，所提到的知识点对于从事专业服务的人士而言，深度是不够的，即使广度上也只是局部的，欢迎您加入"早秦"平台，相互学习，以促进大家共同进步，并为您的客户提供更优质的服务，愿您服务的企业业绩蒸蒸日上。

声明与提醒

本书提及的投资公司、股权众筹平台、债权众筹平台、产品众筹等，并不存在任何特殊的原因，只是为给各位读者一个粗略的介绍，完善相关内容，仅此而已。请勿因为本书提及而对平台产生额外的信任，也勿因为本书未提及而对其他平台产生更多的怀疑，请根据自己的需要详细了解相关信息。

序言

宇宙之广阔，是我们无法想象的，因为有太多地方，人类还无法触及；知识的海洋是一种无形的宇宙，人的一生，无法掌握世界上所有的知识，仅仅能够了解其中非常微小的一部分，如同沧海一粟；即使是这世界上伟大的发明家，对其所属的研究领域也知之甚少，比如伟大的物理学家牛顿，到了人生后期发现太多的现象无法用他所知道的原理去解释，于是他选择研究神学，最后成为神学家。他生前这样描述他所获得的知识：我不知道这个世界将来怎么看我，对我而言，我只像个在海滩边玩耍的男孩，偶然间发现了一粒比较圆的石头和一个比较漂亮的贝壳，就觉得很愉快，但是在我前面，尚未被发现的石头、贝壳仍然多如大海。

企业家是一个特殊的称谓，其管理一家企业，涉及很多知识领域，比如市场、销售、特定领域的技术、财务、法律、人力资源、生产、物流、安全、管理等一系列不同的领域。作为企业家，不可能成为上述所有领域的专业人才，所以企业家在很多时候必须借助于其他人员来完成企业的一些任务，所以我们常说：作为企业家，最重要的是将人才为我所用，而不是把自己培养成多方面的人才。

现实中很多企业家的人才意识淡薄，或缺少相关领域的人才为其所用、或主观上太过于独断专行，导致一些不想发生的事情发生了：由于对资金运用方面知识的匮乏或不够专业，或者是没有专业人士的协助，有的企业家因融资失误，经营失败竟用自杀结束自己本不该过早结束的人生；有的企业家由于压力过大而突发疾病而不幸地离开了家人。由于对法律知识的匮乏，企业家偷税、虚开增值税发票、侵占公司财产等现象时有发生，导致企业家最后将自己送进了监狱，比如国美的黄光裕、真功夫的蔡达标、雷士照明的吴长江、25岁成为联想少将的孙宏斌等。由于对融资上市、股权知识的匮乏，导致创始人最终遗憾地离开自己辛苦创下的基业，比如1号店的吴刚、俏江南的张兰等。

以上提到的企业家均是比较有影响力的，中小企业的企业创始人同他们一样，由于某方面意识的淡薄或企业生存的无奈，而选择了无意识地在法律边缘上行走，一不小心就会悔恨终生。

基于见过了太多的无奈，所以想利用本人所掌握的法律及财务上的一点专业知识，给企业家在某些方面略微普及一下相关的知识点，希望能为企业家尽微薄之力。

最后感谢上海锦天城律师事务所丁峰律师对本书内地企业上市部分的用心审阅，感谢香港安睿刘少峰顾问律师对香港上市条件的用心审阅，感谢盈科史源律师对美国上市条件的资料提供，谢谢大家！

目 录

第一部分　中小企业融资上市的误区

第一单元　融资的误区

第一章　投资人的身份介绍 / 003

　　第一节　AI即天使投资（Angel Investment）/ 003

　　第二节　VC即风险投资（Venture Capital）/ 004

　　第三节　PE即私募基金（Private Equity）/ 005

　　第四节　IB即投资银行（Investment Banks）/ 006

　　第五节　基金公司介绍及2017年度排行榜 / 007

第二章　误区一：有个好项目就可以融资 / 015

第三章　误区二：有钱就可以投资我的项目 / 018

第四章　误区三：融资就用股权来融资 / 020

第五章　误区四：投资就参与管理 / 021

　　第一节　法律与企业家 / 021

　　第二节　企业的组织形式及特点 / 022

第二单元　融资的方式

第一章　概念介绍 / 028

第二章　股权融资 / 031

第一节　股权融资介绍 / 031

第二节　什么时候用股权融资 / 032

第三节　公司的股权值多少钱 / 033

第四节　公司原有股东应该释放多少股权来融资 / 034

第五节　案例介绍 / 035

第六节　公司的股权是稀缺商品吗 / 037

第七节　所有的用股权换资金均是股权融资吗 / 038

第八节　并购基金之股权融资 / 039

第九节　股权众筹平台介绍 / 039

第三章　债权融资 / 044

第一节　债权融资介绍 / 044

第二节　企业什么时候适用债权融资 / 044

第三节　债权众筹平台——P2P平台介绍 / 045

第四章　产品融资 / 050

第一节　产品融资介绍 / 050

第二节　产品众筹平台介绍 / 051

第五章　质押类贷款融资 / 052

第六章　抵押类贷款融资 / 053

第七章　票据贴现类融资 / 054

第八章　融资租赁 / 055

第九章　售后回购融资 / 056

第十章　信托贷款 / 056

第十一章　企业债券 / 056

第十二章　个人信用融资 / 057

第十三章　商业模式融资 / 057

　第一节　商业模式融资之代理权融资 / 057

　第二节　商业模式融资之直销 / 058

　第三节　商业模式融资之预付费卡 / 059

　第四节　商业模式融资之会员费 / 059

　第五节　商业模式融资之广告权 / 060

第十四章　应付账款、预付款融资 / 060

第十五章　混合融资 / 061

第三单元　上市的误区

第一章　误区一：企业规模小，不能上市 / 063

第二章　误区二：企业缺钱，不能上市 / 075

第三章　误区三：企业有钱不需要上市 / 077

第四章　误区三：公司花钱请的上市团队，是自己人 / 088

第五章　误区四：刚想上市就开始大肆宣传 / 106

第六章　误区五：不听专业人士的建议，喜欢自己做决定 / 109

第七章　误区六：新三板或当地Q板挂牌就能融到资金 / 112

第四单元　如何成功上市

第一章　上市的方式 / 114

第二章　上市标准 / 118

第一节　主板及中小板上市标准 / 118

第二节　创业板上市条件 / 157

第三节　创业板上市要求与主板、中小板的不同点 / 159

第四节　中国证监会发审委员会审核时关注的要点分析 / 160

第五节　香港上市条件简要介绍 / 165

第六节　美国纽交所注册公司挂牌要求简要介绍 / 167

第七节　美国纳斯达克挂牌要求介绍 / 169

第八节　有关股份公司同股不同权的问题 / 171

第三章　筹划上市工作 / 175

第二部分　中小企业股权的误区

第一章　股东股权设计的误区 / 181

第一节　误区一：股权设计与商业模式无关、与公司架构无关 / 181

第二节　误区二：股东间股权比例一定是按投资比例分配的 / 187

第三节　误区三：投资就用自然人投资，用自然人持股 / 188

第二章　创始人如何确保掌握对公司的控制权 / 190

第一节　单一的一家有限公司控制权的掌控 / 190

第二节　单一的一家有限合伙企业控制权的掌控 / 192

第三节　有限合伙企业GP的身份规划 / 193

第三章　股权激励的误区 / 196

第一节　误区一：股权激励的方案是通用的 / 196

第二节　误区二：股权激励的天花板够不到 / 198

第三节　误区三：还没有进行股权激励就开始宣传 / 200

第四节　误区四：股权激励是孤立的 / 200

第四章　如何进行股权激励 / 201

第一节　股权激励与平衡计分卡（BSC）的关系 / 201

第二节　股权激励与融资的关系 / 204

第三节　股权激励与团队建设的关系 / 204

第四节　股权激励与商业模式的关系 / 205

第五节　股权激励与员工的关系 / 206

第六节　股权激励的流程 / 209

第七节　股权激励涉及的问题剖析 / 211

第三部分　综合案例

第一章　股权融资、股权激励与商业模式结合的设计案例 / 219

第二章　产品融资、供应商融资、银行贷款、小额贷、法人贷相结合 / 222

第三章　国内上市案例介绍 / 223

结束语 / 226

第一部分
中小企业融资上市的误区

第一单元　融资的误区

第一章　投资人的身份介绍

我们经常会听到人们提到天使投资、VC投资、PE投资等,这些具体是什么含义?在这里首先向大家简单介绍一下。

投资人的身份是按项目投资的时间性质来划分的,具体如下。

第一节　AI即天使投资（Angel Investment）

为什么称这类投资人为"天使"呢?因为他们真的就像天使一样来帮你实现你的理想,在你的理想是否能够实现的不确定性非常高时,他们就来到你的身边。

天使投资一般发生在企业的初创期,企业的商业模式、团队等均不成熟,他们鼓励创新,天使投资一般都是个人行为,天使投资人有的会参与企业的管理,有的不参与,这个没有固定的模式。

天使投资人一般分以下几类:

(1)你身边的朋友:他们了解你,相信你,愿意承担风险。

(2)你的家人:他们愿意支持你,哪怕知道你可能失败。

（3）愿意支持你实现梦想的个人：他们是成功人士，并不一定想要通过投资你获取多少利益，更多的是认为你是一个有理想的人，愿意帮助你实现理想。

（4）虽不了解你但被你说服的个人：他们并不了解你，经过你的说服，然后投资你的人。

（5）愿意帮助有理想的人创业，通过实现他们的梦想而获利的基金公司。

天使投资人一般投资的金额会相对较少，几十万到几百万不等。他们投资的资金来源大多是工资性收入、经营企业收入等，有一些专业投资人也会参与天使投资，比如真格基金的徐小平、今日资本的徐新等。

天使投资的退出方式：采用什么样的退出方式，取决于投资人投资时的想法，如果是专业投资人，可能卖给后加入的VC（风险投资）、PE（私募基金）而退出；如果是为支持你创业，通过你创业的成功而获利的，则不一定会急于退出，所以这方面不是一概而论的。

第二节　VC即风险投资（Venture Capital）

风险投资一般发生在企业的成长初期，这时企业虽已经有了战略规划、盈利模式和团队，但还不是非常成熟，虽经初步实践但也没有多少利润产生，这时候可以对企业的项目进行理性的分析，并对风险进行相对准确的评估。

风险投资一般是机构投资，可能是一家，也可能是几家联合投资；有利用国外的投资基金，也有国内的基金公司。

风险投资人（指基金公司等）一般不参与公司的管理，在投资前会对公司进行详细的评估，确定公司的估值，以及是否有可靠的团队。这个时期对项目运作的团队要求比较高，如果没有合适的团队，仅有一两个人和项目，一般风险投资人是不会介入的。风险投资主要评估公司以下几点：项目的发展前景、团队、投资回报率等。

风险投资的投资金额相对于天使投资来说，规模就比较大了，一般一千万到几千万，大的项目上亿的也有，这是根据项目的大小、运作需要、市场前景等综合因素来确定的。

风险投资的退出一般是卖给私募基金或上市后退出，也有部分是通过被其他企业并购而退出的。

第三节　PE即私募基金（Private Equity）

私募基金分为股权基金和债权基金，而大多数人理解的就是股权基金，投资时点是公司成熟期，可能要上市时介入。在中国，《私募证券投资基金管理暂行办法》从2013年6月1日开始正式实施，国家对私募基金的管理开始加强，以前管理较为松散。私募基金的机构有私募基金机构，也有信托机构等。私募的"私"，是相对于公募的"公"而言的，也就是不能公开募集资金。在国内，私募基金主要用于非上市公司的股权，这也是大多数人认为私募基金是股权基金的原因。

私募基金的投资机构通常不参与公司的管理，但一般会与所投资的目标公司签订对赌协议。所谓对赌协议，就是私募基金投入时，要求目标公司在未来几年要达到一定的条件，一般以业绩或上市为对赌条件。如果目标公司没有达到所要求的条件，则实际控制人要对私募基金机构进行赔偿或股权回购等。大家熟知的典型案例就是"俏江南"与私募基金机构对赌上市，最终没有上市而导致大股东失去控制权，失去了"俏江南"。

私募基金的投资额一般较大，至少是千万级的。私募基金的组织形式有公司制，也有限合伙企业。有限合伙企业有GP（普通合伙人）和LP（有限合伙人），LP是主要资金的提供者，GP是管理人，负责投资并获得约定比例的投资收益，同时收取LP所投资金的管理费用。把私募基金运作得非常成功、金融杠杆使用到极致的企业是美国的KKR，大家可以通过《门口的野蛮人》一书对KKR的发展历史进行了解，目前KKR已出现在中国，并进行了大量的投资。

私募基金的投资大多通过公司上市、被收购或者被实际控制人回购而退出，也有通过企业兼并而退出的。

第四节　IB即投资银行（Investment Banks）

投资银行就是我们平时常说的"投行"，是区别于商业银行的一类金融机构，主要业务包括证券发行、承销、交易，企业的兼并重组、项目的投资与融资、风险投资、私募股权投资、证券投资等，是资本市场上的主要金融机构。投资银行介入一个项目的最早期一般是在风险投资阶段，大多不会在种子轮或天使轮进行投资。

投资银行在不同的国家称谓有所区别，有称之为商人银行、证券公司等。目前世界主要的投资银行有：中国的中国国际金融有限公司、中信证券等；美国的高盛、摩根士丹利等，以及英国的汇丰集团、瑞士的瑞银集团等。

从高盛这个熟悉的名字,大家一定知道高盛与阿里巴巴的故事。1999年10月,高盛以500万美元的风险投资取得了阿里巴巴50%的股份,这是阿里巴巴取得的第一笔风险投资(也是在蔡崇信加入阿里巴巴后争取到的第一笔投资)。当时阿里巴巴希望出让10%的股权获得500万美元的投资,但由于资金紧张、名气不大,谈判处于弱势,最终高盛获得了50%阿里巴巴的股份。但由于判断失误,高盛以7倍的投资价格卖掉所持股份而错失阿里巴巴上市后的80倍收益,成为高盛投资历史上的最大败笔。2013年,高盛集团联合其他投行,向阿里巴巴集团提供80亿美元,成为承销阿里巴巴IPO(首次公开募股)的投行之一。

第五节 基金公司介绍及2017年度排行榜

一、基金公司介绍

在这里,简单介绍几家基金公司,让大家对基金公司有个初步的印象。

(一)真格基金

真格基金是由新东方联合创始人徐小平、王强和红杉资本中国在2011年联合创立的天使投资基金,旨在鼓励青年人创业、创新、创富、创造。新东方曾经为莘莘学子筑起出国深造的桥梁,真格基金希望能为海外学子搭建起归国创业的彩虹,侧重于但并不限于留学生创业。真格基金乐于帮助那些拥有国际意识、懂真格的青年人实现他们的创业梦想。

真格基金专注于TMT行业,包括人工智能、企业服务、医疗健康、文娱体育、电子商务、消费升级及教育等领域在内的早期投资，聚美优品（NYSE: JMEI）、世纪佳缘（NASDAQ: DATE）、兰亭集势（NYSE: LITB）、51Talk（NYSE:COE）、英雄互娱、找钢网、美菜网、小红书、蜜芽、ofo、依图科技、一起作业、出门问问、优客工场、罗辑思维、VIPKID等多家公司已经成为真格基金投资的明星企业。自清科"中国股权投资年度排名"设立"早期（天使）投资机构排名"以来，2014年至2017年，真格基金连续4年获得"中国早期投资机构30强"第一名。

真格基金的投资哲学是：真正优秀的人，才能创造伟大的企业。真格基金致力于发现最优秀的创业者，并为他们提供最好的资源，陪伴他们成功。真格的使命是为创业者插上翅膀。

（资料来源于真格基金官方网站http://www.zhenfund.com/）

（二）软银中国

软银中国资本（SBCVC）成立于2000年，是一家领先的风险投资和私募股权基金管理公司，致力于在大中华地区投资优秀的高成长、高科技企业，曾成功投资了阿里巴巴、淘宝网、分众传媒、万国数据、神雾、普丽盛、迪安诊断、理邦仪器等一系列优秀企业。目前软银中国资本同时管理着多支美元和人民币基金，投资领域包括信息技术、清洁技术、医疗健康、消费零售和高端制造等行业，投资阶段涵盖早期、成长期和中后期各个阶段。

软银中国资本的团队拥有成功的创业经历、丰富的运营经验以及深厚的技术背景，同时具有优秀的投资业绩。除资本支持外，软银中国资本的团队还在战略发展、市场开拓、资源整合、人才引进等多方面助力企业发展，帮助被投企业获得成功。

软银中国资本在我国上海、北京、天津、苏州、重庆、成都、西安、杭州、南京、深圳、香港、台湾及新加坡等地均设有办事机构。

（资料来源于软银中国官方网站http://www.sbcvc.com/）

（三）红杉资本

红杉资本于1972年在美国硅谷成立，创始人是唐·瓦伦丁，在成立之后的30多年中，红杉作为第一家机构投资人投资了如Apple, Google, Cisco, Oracle, Yahoo, Linkedin等众多创新型的领导潮流的公司。

在中国，红杉资本中国团队目前管理约20亿美元的海外基金和近40亿元人民币的国内基金，用于投资中国的高成长企业。红杉中国的合伙人及投资团队兼备国际经济发展视野和本土创业企业经验，从2005年9月成立至今，在科技、消费服务业、医疗健康和新能源、清洁技术等领域投资了众多具有代表意义的高成长公司。

红杉中国的投资组合包括新浪网、阿里巴巴集团、土巴兔、酒仙网、万学教育、京东商城、文思创新、唯品会、聚美优品、豆瓣网、诺亚财富、高德软件、乐蜂网、奇虎360、乾照光电、焦点科技、大众点评网、美团网、中国利农集团、乡村基餐饮、斯凯网络、博纳影视、开封药业、秦川机床、快乐购、蒙草抗旱、匹克运动、火币网等。作为"创业者背后的创业者"，红杉中国团队正在帮助众多中国创业者实现他们的梦想。

（资料来源于红杉资本官方网站https://www.sequoiacap.com/china/）

（四）云锋基金

云锋基金成立于2010年年初，是以阿里巴巴董事局主席马云和聚众传媒创始人虞锋的名字命名，并联合一批行业领袖、成功企业家和成功创业者共同发起创立的私募基金。其宗旨是除了投入资金外，把各自的创业经验与企业分享，在发展战略、组织管理、品牌建设等方面帮助企业更好地发展，关注年轻的企业家，创造下一代的领导者，培育未来有影响力的企业。目前云锋基金旗下拥有多支美元基金、人民币基金和专项基金。云锋基金主要涉足互联网、医疗、大文娱、金融、物流与消费等领域。

云锋基金总部设在上海，并在香港、北京和杭州等城市设分支机构。

云锋基金投资的项目包括：阿里巴巴、小米科技、蚂蚁金服、融360、依图科技、VIP KID、蘑菇租房、阿里体育、易果生鲜、圆通速递、菜鸟果果、华大基因等。

（资料来源于云锋基金官方网站http://www.yfc.cn/cn/aboutus.html）

（五）今日资本

今日资本是一家专注于中国市场的国际性投资基金。目前，今日资本独立管理着20亿美元的基金，主要来自多家海外著名投资机构。

作为一个高度本土化的国际投资基金团队，其成员均拥有丰富的投资和营运经验，能快速做出投资决策，帮助企业突破瓶颈、迅速成长。

今日资本的投资理念为：为具有优秀成长性的中国企业提供发展基金；秉持长期投资的信心，打造百亿级基业长青的中国企业；分享协助多个企业在中国市场迅速成长的实际经验。

今日资本目标企业的基本要求：简单、容易理解的营业模式；可持续发展的企业；有眼光、有领导力、有诚信的企业家。

（资料来源于今日资本官方网站http://www.capitaltoday.com/）

二、2017年年底投资界的基金公司排行榜

（本排行榜所有资料来源于清科2017年投资界排行榜）

2017年12月6至8日，由清科集团、投资界主办的"第十七届中国股权投资年度论坛"在京举行，吸引了众多业界人士参与。作为本次论坛的重磅聚焦点——"清科集团2017中国股权投资年度排名榜单"于12月8日隆重揭晓。

表1-1 2017年中国早期投资机构30强

排名	机构全称	机构简称
1	北京真格天成投资管理有限公司	真格基金
2	北京创新工场投资中心（有限合伙）	创新工场
3	英诺融科（北京）投资管理有限公司	英诺天使基金
4	北京联想之星投资管理有限公司	联想之星
5	宁波梅花天使投资管理有限公司	梅花天使创投
6	九合摩宝投资管理（北京）有限公司	九合创投
7	西安中科创星科技孵化器有限公司	中科创星
8	清流（北京）投资咨询有限公司	清流资本
9	上海阿宝兄弟投资管理有限公司	熊猫资本
10	深圳市前海青松创业投资基金管理企业（有限合伙）	青松基金
11	北京青山同创投资有限公司	青山资本
12	险峰长青	险峰长青
13	北京明势合讯资本管理有限公司	明势资本
14	北京安芙兰创业投资有限公司	安芙兰资本
15	盛山资产管理（上海）有限公司	盛山资产
16	北京洪泰同创投资有限公司	洪泰基金
17	深圳国金纵横投资管理有限公司	国金投资
18	启迪之星（北京）投资管理有限公司	启迪之星创投
19	上海阿米巴投资管理有限公司	阿米巴资本
20	上海合之力投资管理有限公司	合力投资
21	杭州盈动投资管理有限公司	盈动资本
22	上海零颐投资管理有限公司	零一创投
23	浙江天使湾创业投资有限公司	天使湾创投
24	深圳前海创享时代投资管理企业（有限合伙）	创享投资

续表

排名	机构全称	机构简称
25	深圳追梦者投资管理有限公司	追梦者基金暨创新谷
26	丰厚投资管理（北京）有限公司	丰厚资本
27	深圳市德迅投资有限公司	德迅投资
28	北京老鹰投资基金管理有限公司	老鹰基金
29	上海紫辉创业投资有限公司	紫辉创投
30	北京风云际会投资管理有限公司	风云资本

表1-2 2017年中国创业投资机构50强（VC）

排名	机构全称	机构简称
1	深圳市创新投资集团有限公司	深创投
	红杉资本中国基金	红杉资本中国基金
3	IDG资本	IDG资本
4	达晨创投	达晨创投
5	江苏毅达股权投资基金管理有限公司	毅达资本
6	君联资本管理股份有限公司	君联资本
7	深圳同创伟业资产管理股份有限公司	同创伟业
8	经纬中国	经纬中国
9	深圳市基石资产管理股份有限公司	基石资本
10	启明维创创业投资管理（上海）有限公司	启明创投
11	深圳市东方富海投资管理股份有限公司	东方富海
12	苏州元禾控股股份有限公司	元禾控股
13	德同资本管理有限公司	德同资本
14	北极光创投	北极光创投
15	赛富亚洲投资基金管理公司	赛富投资基金
16	深圳市高特佳投资集团有限公司	高特佳投资集团
17	浙江普华天勤股权投资管理有限公司	普华资本
18	深圳市松禾资本管理有限公司	松禾资本
19	深圳天图资本管理中心（有限合伙）	天图投资
20	联创永宣	联创永宣
21	纪源资本	纪源资本

续表

排名	机构全称	机构简称
22	高榕资本	高榕资本
23	深圳市创东方投资有限公司	创东方
24	北京信中利投资股份有限公司	信中利
25	东方汇富投资控股有限公司	东方汇富
26	天津泰达科技投资股份有限公司	泰达科投
27	清控银杏创业投资管理（北京）有限公司	清控银杏
28	中国风险投资有限公司	中国风投
29	海纳亚洲创投基金	海纳亚洲
30	深圳清源投资管理股份有限公司	清源投资
31	北京金沙江创业投资管理有限公司	金沙江创投
32	浙江富华睿银投资管理有限公司	华睿投资
33	多尔投资管理咨询（北京）有限公司	DCM资本
34	晨兴资本	晨兴资本
35	汉能投资咨询有限公司	汉能创投
36	盈科创新资产管理有限公司	盈科资本
37	蓝驰投资咨询（上海）有限公司	蓝驰创投
38	江苏金茂投资管理股份有限公司	金茂投资
39	光速中国创业投资基金	光速中国
40	北京顺为创业投资有限公司	顺为资本
41	英特尔投资	英特尔投资
42	深圳市中兴创业投资基金管理有限公司	中兴创投
43	湖北省高新技术产业投资有限公司	湖北高投
44	广东省粤科金融集团有限公司	粤科金融
45	赛伯乐投资集团有限公司	赛伯乐
46	联想创投集团	联想创投
47	今日资本（中国）有限公司	今日资本
48	北京源码资本投资有限公司	源码资本
49	浙江浙科投资管理有限公司	浙科投资
50	北京百度投资管理有限公司	百度风投

表1-3　2017年中国私募股权投资机构50强（PE）

排名	机构全称	机构简称
1	鼎晖股权投资管理（天津）有限公司	鼎晖投资
2	昆吾九鼎投资控股股份有限公司	九鼎投资
3	腾讯投资	腾讯投资
4	平安资本责任有限公司	平安资本
5	金石投资有限公司	金石投资
6	海通开元投资有限公司	海通开元
7	中信产业投资基金管理有限公司	中信产业基金
8	高瓴资本管理有限公司	高瓴资本
9	建银国际	建银国际
10	复星资本	复星资本
11	招银国际资本管理（深圳）有限公司	招银国际资本
12	招商局资本投资有限责任公司	招商局资本
13	硅谷天堂资产管理集团股份有限公司	硅谷天堂
14	中国光大控股有限公司	光大控股
15	博裕投资顾问有限公司	博裕资本
16	弘毅投资	弘毅投资
17	景林投资	景林投资
18	广发信德投资管理有限公司	广发信德
19	中金资本运营有限公司	中金资本
20	阿里资本	阿里资本
21	中科招商投资管理集团股份有限公司	中科招商
22	凯雷投资集团	凯雷投资
23	工银国际控股有限公司	工银国际
24	苏州国发创业投资控股有限公司	国发创投
25	上海云锋投资管理有限公司	云锋基金
26	盛世景资产管理集团股份有限公司	盛世景集团
27	上海东方证券资本投资有限公司	东证资本
28	华盖资本有限责任公司	华盖资本

续表

排名	机构全称	机构简称
29	美国华平投资集团	华平投资
30	海富产业投资基金管理有限公司	海富产业基金
31	中信资本控股有限公司	中信资本
32	淡马锡控股（私人）有限公司	淡马锡投资
33	上海挚信投资管理有限公司	挚信资本
34	金浦产业投资基金管理有限公司	金浦产业投资
35	高盛集团有限公司	高盛
36	国开金融有限责任公司	国开金融
37	新天域资本	新天域资本
38	上海诚鼎投资管理有限公司	诚鼎基金
39	华兴资本	华兴资本
40	上海力鼎投资管理有限公司	力鼎资本
41	上海尚颀投资管理合伙企业（有限合伙）	尚颀资本
42	兴证创新资本管理有限公司	兴证资本
43	Kohlberg Kravis Roberts & Co. L.P.	KKR
44	上海联新投资管理有限公司	联新资本
45	凯辉私募股权投资基金	凯辉基金
46	深圳鼎锋明道资产管理有限公司	明道投资
47	平安财智投资管理有限公司	平安财智
48	珠海华金资本股份有限公司	华金资本
49	招商致远资本投资有限公司	招商致远资本
50	百度投资部	百度投资部

第二章　误区一：有个好项目就可以融资

前文对投资人的身份作了简单的介绍，从这一章开始，主要对投资的误区进行分析。

由于经常参加各个平台举办的企业家聚会和培训,自己所在的企业也经常开展对企业家的培训课程,在与这些企业家交流的过程中,笔者发现,80%想取得投资的企业家认为,只要有个好项目就可以融资了。这个好项目仅是个主意或不完善的点子,但他们却频繁出现在各种企业家聚会的场所,不断地向其他企业家介绍他们的项目,希望能有企业家投资于他们的项目。这里我们来分析一下他们理念上的一些误区。

当一个创始人加上一个项目的点子或想法时,我们称之为"种子项目",或者说一个项目的"种子期",这时候的投资俗称为"种子轮投资"。种子轮投资在天使投资之前,根据前面介绍的天使投资,大家可以判断一下,愿意投资种子项目的,都是哪类人群。如果你有足够的个人魅力,比如小米的创始人雷军,那么将会有很多愿意投资你的项目,确切地说,是投资雷军这个人,而不管他持有的是什么项目。如果你没有这样的个人魅力,而频繁参加企业家聚会,那么最后的结果一定是徒劳无功,空手而回。

当一个项目已初步成形,并有了2~3个创始人团队,形成了初步的战略规划,这时候的项目基本在天使投资阶段。如果你已经有了项目计划书,且有一定的个人魅力,能够说服其他企业家来加入你的项目,你可以参加上面提到的那些企业家聚会。如果你缺失上面三项(项目计划书、个人魅力、说服力)中的任何一项,你是很难在这种场合找到合适的投资人的。

如果你的项目已经到了适合风险投资机构介入的时期,那么你适合去找投资机构,而不是参加这样的聚会来寻找投资人。也许你会说我不懂如何与投资机构打交道或不懂如何找到合适的投资机构,那么更好的做法是找一位投资顾问来帮你完成这个任务,可以起到事半功倍的效果。

最后我们来看一下什么才是真正的好项目。

先从投资人的角度来看，投资人赚取的收益是将投资所买的股权通过退出方式卖出去赚取差价，大部分并不是为了赚取企业盈利所得到的分红。投资人在投资企业时会给企业一个估值，企业在下一轮投资人进入时也会再次被估值，企业上市后就有了证券市场上的市值。随着企业估值或市值的变化，投资人所持有的股权价值随之发生变化。企业的估值或市值是投资人对企业未来发展前景的判断结果（当然有些被操纵或炒作的股票价格并不能真正反映企业的市值）。当企业未来发展前景越好，企业估值或市值越高，则投资人赚取的收益就越高，投资回报率也就越高，所以投资人眼中的好项目是未来发展前景非常好的项目，而不一定是目前公司每年的净利润高的项目；当然，净利润高的，企业估值或市值也会更高。

那么什么样的项目是未来发展前景非常好的项目呢？首先项目要符合未来的发展趋势，不能是夕阳行业，用小米创始人雷军的话说就是："站在风口上，猪也会飞起来。"并且未来市场空间要足够大，这样企业才能赚取更多的利润。其次是要有竞争力，要有一定的进入门槛，否则人人都可以轻易进来，那市场竞争将会非常激烈，公司的利润率就会逐年下降。再次要有一个好的团队来运作，再好的项目也离不开团队，一个没有优秀团队的项目是很难有未来的，或者说未来的不确定性太高，风险太大。最后就是要有好的商业模式，没有好的销售、推广渠道，再好的产品、服务也是没有用的。以上只是一个好项目的必要条件，但并不是充分条件。一个好项目未来是否一定有好的发展，充满了非常多的不确定性，所以说市场有风险，投资需谨慎。

第三章　误区二：有钱就可以投资我的项目

笔者经常和一些需要融资的企业家进行交流，发现他们很多时候认为只要有钱就可以投资我的项目，那么这个观点究竟会给企业带来什么影响呢？我们一起来分析一下。

中国有句俗语：预则立，不预则废。意思就是说凡事我们要事先做好计划和准备，这样就能成功，否则就容易失败。对于要什么样的人投资企业也是一样的道理。当我们的企业需要资金的时候，我们首先要分析原因，然后多问自己一些问题：

1. 我们的项目运作到目前这个阶段，是什么原因导致我们资金紧张？

2. 我们需要什么办法才能改变资金紧张的现状？目前我们除了资金紧张外，还需要其他什么资源？

3. 我们这次融资后，资金可以使这个项目维持多久？下一次我们又要向谁进行融资？

4. 我们要一直靠不断的融资来运作项目吗？

5. 投资人除了资金外，能给我们提供其他支持吗？

6. 每一次融资都要我们自己去找投资人吗？

7. 投资人的理念和我们一致吗？

8. 投资人如果要参与公司管理，会带来什么影响？

9. 如果我们对投资人不满意，可以请其退出吗？

10. 如果投资人要和我们对赌，对赌的风险我们能承受吗？

当你问过自己上面这些问题后，你会发现，其实在很多时候，你需要的不仅是资金，还有资源等。根据项目的需要，你可能需要战略性投资、顾问型投资、纯资金型投资等。所以当你需要融资时，你需要的不是简单的资金，而是根据项目的发展需求来确定你需要什么样的人来投资，这样才能对项目的发展更有帮助。一个企业的发展需要不同类型的股东，有顾问型股东，比如法律顾问股东、财务顾问股东、战略顾问股东等，还包括一些资源型股东，比如渠道资源股东、客户资源股东、供应商资源股东等。企业根据发展的需要，合理地配置不同类型的股东是非常必要的。

笔者有一个顾问单位，项目的现金流还不错，每年也有一些净利润，并不缺钱，项目发展的速度也不算慢，已做到行业第一的位置。但随后，市场上很多人开始模仿这个项目的商业模式，虽然规模都不大，项目的创始人却很有危机感，于是决定加快发展速度，整合更多的资源进入公司，这时候他向外释放股权去融资完全不是因为资金紧张，而是公司需要邀请更多的资源来助力其发展。

还有一个顾问单位情况则是，项目很好，很多人也想投资，但他考虑项目产品上市后，如果发展迅速，则更需要市场上客户的信任，我们经过分析后选择了一个上市公司来投资，目前进入最后的谈判阶段。其目的就是用上市公司作背书，增加客户对企业的信任度，除了资金的需要得到满足外，也为产品未来的市场推广打下了良好的基础。

有限公司强调人和性（股份公司强调的是资和性），也就是公司股东之间的彼此认可。如果股东之间矛盾不断，而公司又没有拥有绝对控制权的股东，那么公司未来的发展将困难重重，也可能出现僵局。所以当一个投资人投资后所占公司股权对公司的管理会产生影响，而这位投资人要求参与公司管理的时候，原来的创始人就要充分考虑一下了，如果彼此不是非常了解,这时候是不适宜吸收这样的股东的;或者接受的前提是确定一旦发生矛盾时的解决方案要具体且可操作,并约定退出条款。

第四章 误区三:融资就用股权来融资

中央电视台有个节目叫"创业英雄会",在节目中,每个参加的创业人员最后基本都会说"我们出让多少比例的股权,融资多少金额"。在笔者接触的企业家当中,大部分人一说到融资,基本概念就是出让股权获融资。其实融资有很多方式,在下个单元中会和大家详细介绍各种常见的融资方式。

那么,为什么大家一谈到融资时就会想到用股权来融资呢?中国有句俗语:借钱容易,还钱难,当然最好不用还。股权融资刚好解决了这个问题。如果企业家在股权融资时没有签下对赌协议的话,那基本上融资得到的款项是不用还的。另外企业在融资时,对自己的项目将来能否赚到钱有时并没有太大的把握,如果不成功,大多是还不起融资得来的钱的,而股权融资不用还的特点刚好满足了这种需求。对于投资人来说,他们大多并不想参与到企业经营中来,而是想通过资本来赚取收益,这样风险是不可避免的。所以对于早期投资来说,由于收益高,所以风险也高,投资人能够承受他们所投资的部分企业项目未能成功运作而带来的损失,这样企业家与投资者之间就形成了中国俗语所说的"周瑜打黄盖,一个愿打,一个愿挨"的关系。

由于上述所说,很多企业家在刚开始都是想借别人的资本来运作自己的项目,所以选择股权融资,而没有仔细考虑除了股权融资,是不是还有其他的融资方式可以更好地满足自己项目发展的需要,这样就陷于股权融资的各种约束中。

如果没有对赌协议股权融资相较于其他融资方式会更有优势吗? 不一定,在下面的介绍中,会对各种融资方式的优点及缺点做详细的介绍。

第五章 误区四:投资就参与管理

第一节 法律与企业家

在美国,基本每个企业家都会有律师,而中国的企业家很多是不懂法律的,他们也很少请法律顾问,除非有一定规模的企业。中国的企业家,即使对与他们息息相关的公司法、税法也知之甚少,这样就导致企业家在成立公司时基本都使用了工商局所给的标准章程。有限公司的章程是什么?没有多少企业家重视过。有限公司的章程就是公司的"宪法",只要在不违反国家的强制性规定的情况下,股东可以在章程中进行自己的约定,也就是不违反法律法规的情况,公司的管理遵循意思自制的原则。意思自制原则,简而言之就是你们自己商量、决定自己的事,只要不违反法律法规就可以了。

投资与管理并没有必然的联系,在下面将通过对不同企业形式的简单介绍来说明二者的关系。

第二节　企业的组织形式及特点

企业的分类有很多，简单介绍如下：

按法人分为法人组织与非法人组织。如有限公司、股份公司为法人组织；合伙企业、个人独资企业、个体工商户等为非法人组织。

按盈利性分为盈利性组织与非盈利性组织。大多数医院、学校、养老院等属于非盈利性组织，而大多数公司为盈利性组织。

按投资人承担责任分为有限责任和无限责任。其中个体工商户、个人独资企业、合伙企业的普通合伙人承担的是无限责任；有限公司、股份公司的投资人承担的是有限责任。

按投资人身份分为国有、内资、外资、中外合资、中外合作等。

按是否上市分为上市公司、非上市公众公司、非上市公司。

还有按规模等其他不同属性进行的分类等。

企业的组织形式，以个体工商户、个人独资企业、合伙企业、有限公司、股份公司为主，大部分企业所用的组织形式为有限公司、股份公司或有限合伙企业，这里简单介绍一下这三种组织形式及特点。

一、有限公司

在中国，最常见的公司形式就是有限公司。有限公司的投资人，我们称之为股东。股东以其出资额为限承担责任。对于控股股东或实际控制人来说，承担有限责任是有前提的，那就是控股股东或实际控制人没有利用其控制地位损害公司的利益。

上面说的是责任的承担，那么股东对公司的权限如何行使呢？谁对公司的管理有决定权呢？这就涉及章程中表决权的约定了。如果原始股东在成立公司时没有提交自己版本的章程，那么工商局一般都会有范本章程给股东，股东签字了事。更有意思的是，有的股权培训老师大力宣扬公司股权的"8条线"，告诉你什么是绝对控制权、什么是相对控制权、什么是一票否决权等，但这些所谓的"线"都是基于工商局给你的范本章程，离开了这个范本，大部分的"线"划分的依据要重新理解一下。上面说过，有限公司的管理遵循意思自制原则，股东的表决权多少与投资金额比例大小不一定成正比，完全可以自己约定。比如公司注册资金100万，甲股东投资十万，乙股东投资90万元，由于项目由甲负责，乙并不清楚项目的情况，那么甲可以与乙约定，公司所得分红按出资比例分配，但表决权甲拥有90%，乙拥有10%，且章程中规定重大事项须经代表三分之二以上表决权的股东通过，则甲对公司的管理就有了绝对的控制权了。

那么有限公司中哪些事项可由股东之间约定即可呢？这里摘取一部分对企业影响比较大的内容给大家做简单的介绍。

（一）重大事项的内容及表决权比例

公司法第四十三条规定，股东会的议事方式和表决程序，除本法有规定的外，由公司章程规定。股东会会议作出修改公司章程、增加或者减少注册资本的决议，以及公司合并、分立、解散或者变更公司形式的决议，必须经代表三分之二以上表决权的股东通过。公司法规定上述事项必须经代表三分之二以上表决权的股东通过，所以只要大于三分之二这个比例就是合法的，有的公司在章程中就明确规定上述事项必须经全体股东一致通过。如果章程中规定了此项比例必须大于90%，则这时如果你作为股东即使有67%的表决权（也就是三分之二），对公司也是没有绝对控制权的。

公司法第四十三条中只是将"修改公司章程、增加或者减少注册资本的决议,以及公司合并、分立、解散或者变更公司形式的决议"作为重大事项进行表决,股东之间也可以将除此之外的其他事项列为重大事项,要求大于三分之二的表决权通过方可。比如重大担保、重大资产出售等。

同理,对于二分之一以上表决权的事项,也可以增加事项内容、加大事项表决权比例等。

(二)股东表决权的拥有比例

公司法第四十二条规定,股东会会议由股东按照出资比例行使表决权;但是,公司章程另有规定的除外。本条款的意思就是如果公司章程没有约定,则股东的表决权按照出资比例行使,但是如果章程有规定,则按章程规定行使。也就是说,如果你的出资比例为总出资额的10%,但是章程中约定你拥有90%的表决权,那么你的表决权就是90%,而不是按照出资比例的10%来行使。甚至你可以规定出资90%的股东只有分红权,没有表决权,而你拥有100%的表决权。

(三)利润分配

公司法第三十四条规定,股东按照实缴的出资比例分取红利;公司新增资本时,股东有权优先按照实缴的出资比例认缴出资。但是,全体股东约定不按照出资比例分取红利或者不按照出资比例优先认缴出资的除外。

《最高人民法院关于适用<中华人民共和国公司法>若干问题的规定(三)》第十六条规定,股东未履行或者未全面履行出资义务或者抽逃出资,公司根据公司章程或者股东会决议对其利润分配请求权、新股优先认购权、剩余财产分配请求权等股东权利作出相应的合理限制,该股东请求认定该限制无效的,人民法院不予支持。

上述法条的意思就是如果股东之间没有特别约定分红比例,则按股东实缴的出资比例来分配,但是如果全体股东约定不按照出资比例来分配的,则按约定分配。举例说明:甲出资30万元,占总出资额的30%;乙出资70万元,占总出资额的70%,成立了A有限公司。由于日常管理均由甲来管理,项目最早也是甲拥有的项目,乙只是个单纯的投资人,于是二人约定年终在公司提取法定公积金,弥补亏损后还有利润的话,甲分得45%,乙分得55%,这样的约定是有效的,法律是支持的。

有限公司还可以对法定代表人由谁来担任、股东会的职权、董事会的职权、执行董事的职权、监事的职权、股份转让、股份继承等事项自行约定,只要不违反公司法的强制性条规就可以了,在这里就不一一赘述了。

二、股份公司

股份公司分为非上市的普通公司、上市公司、非上市公众公司,由于大家平时接触股份公司不多,这里简单做一下说明:

1. 在国内,上市公司要求同股同权,也就是一个股东,只要他拥有的股数与其他股东股数相同,则他拥有的权利也与其他股东是相同的。在中国,典型的同股不同权的公司就是大家熟悉的阿里巴巴了。阿里巴巴最早想上市的时候选择的是香港证券交易所,但由于香港和内地一样要求同股同权,最后阿里巴巴不得不转战美国,在美国资本市场登陆。最近有消息说,香港正在考虑允许同股不同权的公司到香港上市,以欢迎蚂蚁金服到香港挂牌。美国之所以允许同股不同权的公司上市,是因为他们认为一个公司的创始人对公司是有一种特殊的情感的,他们希望公司长久、持续发展,而资本市场上投资者的介入是为了获取利益的,如果控制权到了资本市场的投资人手里,可能对公司未来的发展不利,也就不利于小股民。其实这个理念大多数人都是认可的,所以香港也准备做出转变,而内地的证券市场最终也可能会为同股不同权开设绿灯。

2. 公司法第一百零三条规定，股东出席股东大会会议，所持每一股份有一表决权。但是，公司持有的本公司股份没有表决权。股东大会做出决议，必须经出席会议的股东所持表决权过半数通过。但是，股东大会做出修改公司章程、增加或者减少注册资本的决议，以及公司合并、分立、解散或者变更公司形式的决议，必须经出席会议的股东所持表决权的三分之二以上通过。在这个条款中是没有"但书"条款的（也就是常见的"但……除外"条款）。

如果创始人希望公司将来上市，又怕失去控制权，那么就要有效利用公司的架构设计了。在后面会为大家讲解有限合伙企业，利用有限合伙企业就可以在有效做到避免同股不同权的同时，又不会失去控制权了。

三、合伙企业

合伙企业分为普通合伙企业和有限合伙企业，在这里主要给大家介绍一下有限合伙企业。

有限合伙企业的投资人身份分为普通合伙人和有限合伙人。普通合伙人对有限合伙企业的债务承担无限连带责任，且普通合伙人之间也承担无限连带责任，而有限合伙人以其出资额为限对有限合伙企业的债务承担有限责任。普通合伙人对外执行合伙事务，有限合伙人不得对外执行合伙事务。普通合伙人可以以劳务作为出资，但有限合伙人不能以劳务作为出资。

关于利润分配，合伙企业法规定，有限合伙人不得将全部利润分配给部分合伙人；但是，合伙协议另有约定的除外。也就是说有限合伙企业的利润分配可以约定，而不必按出资比例来分配，因为有限合伙企业的债务承担责任对于普通合伙人和有限合伙人也是有区别的。

下面我们通过有限合伙企业形式之一的基金公司来介绍一下，为什么无论市场行情好坏，基金公司的管理人（GP）以及基金经理都能赚得盆满钵满。例如，甲为普通合伙人，与乙、丙、丁、戊（均为LP）成立了A有限合伙企业，甲负责管理，但不出现金，用劳务作为出资，负责将乙、丙、丁、戊出资的钱拿到投资项目或股票等，其他四人则出资5 000万。甲可以和其他四人约定：对于其他四人的出资，甲每年收取3%的管理费，甲用四人出资的钱投资所得到的收益，甲分得20%，剩余其他四人分，如果投资亏损，则由其他四人承担。从上面的约定大家可以看出，无论怎样，甲都是赚钱的，甲最少的收益是5000万的3%，即150万元，而对于其他四人来说，甲用他们出资的钱去投资，在年收益低于3%的情况下，他们四人都是亏损的。

从以上的企业形式，大家可以看出，出资与管理并没有必然的联系，对于创始人来说，保持对公司管理权的控制是非常重要的，这样才有利于公司的稳定发展。

第二单元 融资的方式

第一章 概念介绍

一、机会成本

机会成本,又称为择一成本、替代性成本,是指在面临多方案择一决策时,被舍弃的选项中的最高价值者是本次决策的机会成本。机会成本不是实际付出的成本,而是因为选择而导致失去的收益。比如小李毕业后找到两份工作,一份月薪6000元,一份月薪8000元,但小李没有去任何一家报到,而是选择继续深造,读研究生了,这时他为读研究生而付出的机会成本就是每月8000元。

二、资本成本

资本成本是投资资本的机会成本。比如你现在有1000万元,如果将钱存放在银行里,则收取存款利息(定期利息为年化2.65%),借给B企业则获得借款利息(利息率年化24%)。现在你投资A企业以期获得更高的收益(预计收入约为年报酬率的35%),这时你的机会成本就是没有借给B企业而损失的借款利息收入。资本成本是投资人期望的最低报酬率。在上面的例子中,投资人期望的最低报酬率就是24%。

三、公司的资本成本

公司的资本成本,就是公司所有投入资源的资本成本的加权平均数。

比如公司共有资本2000万元，其中股东投资资金为1500万元，银行借款500万元。假设股权的资本成本为20%，借款的利率为6%，则公司的资本成本为20%×（1500/2000）+6%×（500/2000）=16.5%。公司运营过程中，希望以最低的公司资本成本来获得最大的收益。

四、EBIT

EBIT（Earnings Before Interest and Tax），即息税前利润，是指企业在扣除各项借款的利息及所得税之前的利润。比如A企业2016年净利润为人民币7500万，企业所得税缴纳了2500万，支付借款的利息为1000万，则A企业2016年的EBIT=7500+2500+1000=11 000万元。

$EBIT=Q(P-V)-F$，其中，Q为产品的销售数量；P为产品的销售单价；V为单位变动成本；F为固定成本总额。

五、EPS

EPS（Earnings Per Share），指普通股每股税后利润，也称为每股收益、每股盈余。EPS为公司获利能力的最后结果。普通股每股的税后利润是已经扣除应支付给优先股的承诺收益。由于股数是相对于股份公司而言的，对于有限公司，在这里我们就假定每股为一元净资产，也就是说如果公司有1000万资产，则公司的股数为1000万股。假设ABC企业2016年年末共有净资产2000万元，2016年的净利润为6000万元（没有优先股，全部归普通股所有），则ABC企业2016年的每股收益为6000/2000=3元。

六、经营风险

经营风险，是指企业未使用借款时经营的内在风险。影响经营风险的因素有产品需求、产品售价、产品成本、调整价格的能力、固定成本的比重。在这些因素中，固定性经营成本的影响是一个基本因素。

七、经营杠杆

经营杠杆（Operating Leverage），指在企业生产经营中由于存在固定成本而导致息税前利润变动率大于产销量变动率的规律。DOL表示经营杠杆系数，DOL越大，表示经营风险越大，反之亦然。

DOL=息税前利润变化的百分比/营业收入变化的百分比

$\quad$=(EBIT+F)/EBIT

固定成本是引发经营杠杆效应的根源，但企业销量水平与盈亏平衡点的相对位置决定了经营杠杆的大小，即经营杠杆的大小是由固定性经营成本和息税前利润共同决定的。如果企业不存在固定成本，则息税前利润变动率与产销量变动率保持一致，企业的DOL为1；只要有固定成本存在，则DOL就大于1，产生经营杠杆效应。

八、财务风险

财务风险，是指由于企业运用了债务筹资方式而产生的丧失偿付能力的风险。当债务资本比例大时，企业的财务风险就大；反之，当债务资本降低时，企业的财务风险就降低。在影响财务风险的因素中，债务利息或优先股股息这类固定性融资成本是基本因素。

九、财务杠杆

财务杠杆（Financial Leverage），是指由于债务的存在而导致普通股每股利润变动大于息税前利润变动的杠杆效应。DFL表示财务杠杆系数，DFL越大，则财务风险越大，反之亦然。

DFL=每股收益变化的百分比/息税前利润变化的百分比

$\quad$=EBIT/[EBIT-I-PD/(1-T)]

其中，PD为优先股股利；I为债务利息；T为企业所得税税率。

财务杠杆的大小是由固定性融资成本和息税前利润共同决定的。财务杠杆效应具有放大企业息税前利润的变化对每股收益的变动程度的作用,这种程度是财务风险的一种测度。如果企业没有债务,也没有优先股,则DFL=1;只要有债务或优先股,则DEL>1,产生财务杠杆效应。

十、联合杠杆

联合杠杆,又称总杠杆(Total Leverage),就是经营杠杆和财务杠杆的叠加,指由于固定成本和固定财务费用的存在而导致的普通股每股利润变动率大于产销量变动率的杠杆效应。DTL表示联合杠杆系数。

DTL=DOL×DFL

联合杠杆直接考查了营业收入的变化对每股收益的影响程度。

第二章 股权融资

第一节 股权融资介绍

股权融资,就是公司股东愿意将其部分股份出让给投资人,对其转让股权;或者公司进行增资,将新增加的部分由投资人来完成出资而获得一定比例的股权,投资人成为公司的新股东,企业的注册资金(指有限公司,如果注册资金不变,则公司的资本公积增加)或股本(股份公司)同时增加。

很多公司上新三板的目的就是为了用增发股权的方式进行融资。企业到新三板挂牌后,已经正规化且重要信息均如实披露,这样对于很多投资机构或个人来说在企业数据真实性方面就有了保证,所以会吸引部分投资者进行投资。

再来简单了解一下优先股融资。

优先股是依据公司法在普通股份之外形成的一类股份。2013年11月30日，国务院发布《关于开展优先股试点的指导意见》，由此开始了优先股的试点工作。在这一过程当中，上市公司及非上市公众公司可以公开发行优先股，但股数不能超过普通股的50%。优先股的"优先"体现在，当公司有剩余可分配利润时，必须优先向优先股的持有股东分配股息。优先股分为固定股息的优先股和非固定股息的优先股。除商业银行发行非固定股息的优先股用于补充资本外，其他上市公司或非上市公司只能发行固定股息的优先股。

目前优先股的相关制度还在完善当中，中小企业的创始人可以利用优先股的概念进行类似优先股的融资。

股权融资所获得的资金，企业无须还本付息，新股东与老股东一起分享公司的收益。

股权融资的优点是没有还本的压力，缺点是增加了公司的资本成本，稀释了现有股东的持股比例，降低了现有股东的投资收益率。

第二节 什么时候用股权融资

企业在融资时需要考虑的因素包括：首先企业在发展过程当中，一般会考虑尽量用可能小的公司资本成本获取最大的收益；其次要考虑企业的风险，要将风险控制在一定的范围内；再次要考虑当前的市场状况，什么样的融资方式是能够获得的；最后考虑公司的获得能力及项目的吸引力，以分析公司能够取得哪一种融资。

波斯顿将企业的发展分为初创期、成长期、成熟期、衰退期,企业的经营风险规律是初创期是高风险,成长期开始降低,成熟期最低,衰退期又升高。企业在初创期由于经营风险过高,所以为控制整体风险(联合杠杆效应),则适合采用股权融资,不适合债权融资;成长期由于经营风险开始下降,所以可以考虑部分股权融资、部分债权融资;成熟期经营风险最低,这时候可以全部用债权融资;到了衰退期,股权融资将是很难的,也是不适合的,只适合债权融资。

企业融资时除了要考虑风险、市场取得融资可能性外,还要考虑融资后每股收益的变化,要通过对息税前利润及每股收益的分析来决定是用股权融资还是债权融资,这样才能有效保护原有股东的权益。也可以通过对融资前后公司资本成本的比较来决定是用股权还是债权来融资,前面讲过,公司用最小的资本成本来获得最大的收益,这是企业股东、企业发展的追求。

第三节 公司的股权值多少钱

很多企业在融资的时候,都面临这个问题,上市公司的股价有数据可寻,但对于非上市公司,每股到底值多少钱的判断标准就有很多了。从财务上来说,常用的就是市盈率、市销率、市净率(这三个比率的适用范围均有一定的要求和前提,由于涉及太多的财务专业知识,在这里就不详细解释,下面会给出粗略的适用情况,但不够严谨)。市盈率一般适合公司有盈余、净资产相对不多的情况;市销率适合公司有一定的销售收入,但可能盈利性不是很好,也没有过多的资产的情况;市净率适用公司有一定的净资产、收益相对来说不多的情况。股权融资中也有根据公司客户数及收益转化率来判断的，有根据现金流量来决定的，有根据公司未来发展情况来判断的。其实公司在不同的阶段，其融资时股权的溢价是不同的，依据也会不同。

在企业的不同时期，价格也不同，天使投资的溢价一般在2~5倍，风险投资一般在3~6倍，而私募基金则一般在8~12倍，上述数据不是绝对的，不同的创始人、不同的项目均会有所不同。在初创期一般要看项目未来的发展空间、市场前景有多大，也就是创始人未来的梦想有多大，而以后的融资一般根据公司前期的发展情况及未来的市场空间来决定。

第四节 公司原有股东应该释放多少股权来融资

很多公司创始人在公司成立之初的目标就是未来要上市，但在企业的发展过程中，由于融资而不断释放股权，最终导致失去控制权，在上市公司中这种情况也是常见的，所以马云为确保控制权而采用了同股不同权的约束制度，但不能在国内上市而到美国谋求上市。

企业家在融资时究竟应该释放多少股权，这个没有固定的比例，关键看企业需要多少资金、企业的估值有多少、企业家如何确保控制权等综合因素。对于工商局的模板章程来说，企业家至少要有51%的股权；如果企业家采取协议控制或利用有限合伙企业的特点来实现控制等，则释放股权的空间就大很多了。在"创始人如何确保掌握对公司的控制权"一章中会向大家介绍企业家应如何掌握公司的控制权。

第五节 案例介绍

以下为释放股权融资而失去控制权或股权设计不当导致失去控制权的案例。

案例1　1号店

有消息称，沃尔玛为实现线上与线下结合的战略，决定整合京东，因为最终目的是要得到京东的控制权而被刘强东拒绝。整合京东未果的沃尔玛将目标瞄准了1号店。

2010年5月，处于金融危机之中的1号店从平安融资8000万元，出让80%的股权，至此将控制权让给了平安。

2011年，沃尔玛入股1号店，取得1号店20%的股权。

2012年，沃尔玛增持1号店，股权达到51%（两次股权均由平安转让）。至此，1号店变成中国的沃尔玛。而平安在这两次股权转让当中，赚了近10倍。

案例2　雷士照明

1998年年底，吴长江与两个高中同学胡永宏、杜刚凑齐100万元创办了雷士照明，且成立了惠州雷士照明有限公司。根据出资比例，三人分别持股45%、27.5%、27.5%，吴长江持有45%的股份，其他二人合计持有55%的股份，这为吴长江第一次失去控制权埋下隐患。

2005年，由于公司成立至今没有分红，三个股东产生分歧，因其他二人合计持股为55%，最终吴长江拿走8000万元现金被迫离开。但紧接着事件发生戏剧性反转，雷士照明的供应商及经销商要求吴长江留下，不得已，胡、杜二人各携8000万元现金离开，吴长江掌握雷士的控制权。

由于胡、杜二人带走大量的现金，雷士照明的资金开始紧张，于是叶志如通过正日公司借款200万美元，并在后来"债转股"。2008年，雷士照明再次融资，引进高盛与软银，其中高盛出资3656万美元、软银赛富出资1000万美元。此时，第一大股东变成了软银，吴长江跌为第二，而高盛第三。这为吴长江的第二次失去控制权埋下隐患。

2011年，雷士引进法国施耐德电气作为策略性股东，由原有股东向其转让股份，由此施耐德成为雷士的又一大股东。

2012年5月，吴长江被迫离开董事会，辞去董事长等所有职务，由软银赛富的阎焱接替其任董事长，接替他出任CEO的则是来自于施耐德的张开鹏。但在经销商的逼迫之下，不得已，公司股东又在9月将吴长江请回公司。

为夺回雷士照明的控制权，吴长江与王冬雷（广东德豪润达电气股份有限公司董事长兼总裁）达成私下协议：由王冬雷加入雷士照明，担任董事长，将软银赛富阎焱驱逐出局。此事为其第三次失去控制权又埋下隐患。

2014年8月8日，雷士照明发布公告称，罢免吴长江的CEO职务，任命王冬雷担任临时CEO。吴长江再次被请出公司。

2014年年初，吴长江未将处理雷士照明重庆公司的370万元废料款转入公司账目，而是将其私自用掉，并将变卖废料的原始财务凭证销毁，其行为构成了职务侵占罪。2016年11月，吴长江因挪用资金罪、职务侵占罪一审被判处有期徒刑14年，没收财产50万元，并责令其退赔370万元给重庆雷士照明有限公司。至此吴长江重回雷士照明的梦想被彻底粉碎，同时粉碎的还有当年广大股民的"钱程"，2014年雷士照明的利润下降了近30%。

案例3　真功夫

2011年4月22日，蔡达标被捕入狱，这个结果是其最早的股权分配不合理埋下的隐患，加上国内的一些企业家不懂法律、不重视法律所带来的严重后果。

1994年，蔡达标与其前妻潘敏峰的弟弟潘宇海成立了168甜品店，股份为潘宇海一方50%，蔡达标夫妇一方50%（蔡达标与潘敏峰离婚后，50%的股份全部由蔡达标持有，蔡达标以现金补偿给潘敏峰），之后该店更名为双种子公司，2004年更名为真功夫。

2007年，资本进入，新设真功夫公司，此时潘宇海持股41.74%，蔡达标持股41.74%，双种子持股10.52%，联动创投持股3%，今日资本持股3%。蔡达标任公司董事长兼法定代表人。

为了掌握真功夫的控制权，蔡达标进行了一系列动作，正是这些动作，给别人留下可乘之机，最后蔡达标被潘宇海举报，后被送进了监狱。

我们不去论蔡与潘二人孰是孰非，仅从股权方面来说，不合理的股权方案一般会带来不愉快的结果。

公司如何释放股权，又确保不失去控制权，且要符合国内的上市要求呢？这一点在第二部分的第二章中将向大家做详细介绍。

第六节　公司的股权是稀缺商品吗

常常听有的老板对员工说，股权是稀缺的，不能轻易卖给别人。股权不能轻易卖给别人，笔者认为是非常正确的，因为有限公司讲究人和性，股东之间能否彼此合作愉快是很重要的。股东之间不和、不信任，见面就吵架，那公司是没有办法正常运营下去的。但是股权不是稀缺的，在公司需要的时候，理论上讲，公司可以拥有无限的股权，而且你可以一直向外释放股权而不失去控制权，这一点同样在第二部分的第二章中向大家详细介绍。

第七节　所有的用股权换资金均是股权融资吗

我们举例来说明这个问题。假设A公司原有股东甲、乙二人，甲持有80%的股份，乙持有20%的股份，公司总净资产为1000万元。现在丙愿意出资1000万元购买公司增资的股份，完成增资后，则甲持有56%的股份，乙持有14%的股份，丙持有30%的股份。丙通过溢价购买A公司股份的方式取得A公司股权。

情况一：丙没有提出特殊条件，甲、乙也没有提出其他要求，三人均为A公司股东。这种情况下，公司采用的就是股权融资。

情况二：假设丙加入，与甲、乙、A公司达成协议，丙出资1000万元，占公司30%的股份，公司每年需要支付给丙10%的收益。这时候大家想一下，如果是股权融资，是不是不用还本付息呢？是的。按上面丙的要求，相当于公司每年至少要支付给丙10%的利息，这就不符合股权的特点了，这就不是股权融资。这种情况下，丙的出资不再是股权融资了，在财务上，我们称之为"名股实债"，也就是名义上是股权，而实际是债权。

第八节　并购基金之股权融资

这种方式目前大多只适用于上市公司。上市公司为了巩固企业的行业地位，会并购一些好的标的公司，并购的基金主要来源于基金公司的募集，上市公司和基金公司各持有并购标的的部分股权，享有并购标的未来收益的分成。这种情况下，基本上要求上市公司兜底，基金公司负责提供劣后资金、夹层资金、优先资金，一次募集的规模一般在5~20亿。

并购标的可以是上市企业自己找的标的公司，也可以是基金公司找的标的公司。双方均对标的公司进行尽职调查并做出评估，根据双方的评估，上市公司与基金公司协议约定风险的承担与收益的分配。

当项目发生亏损时，劣后资金先承担亏损，当劣后资金不足以承担亏损时，才用优先资金进行弥补，所以劣后资金的风险高，收益也高；而优先资金的风险小，同时收益相对也少。劣后资金一般是向公众募集，而优先资金一般是由银行或银团提供。夹层资金一般由基金公司提供，在整个融资当中占总资金的比例较小，一般不要求公司的股权，而是一种无抵押担保的贷款。

第九节　股权众筹平台介绍

目前市场上有很多股权众筹平台，以下网站的介绍顺序没有任何排名的含义，仅为向大家做简单介绍。目前国家对于股权众筹没有明确的法律规定,其合法性存在质疑,有一定的法律风险,请谨慎为之。

一、人人投众筹平台

图2-1　人人投官网标识

人人投平台以店铺众筹为核心业务,目前已有成功案例400多个,下面简单介绍几个案例。

图2-2　佐度王子扒房

哈尔滨佐度王子扒房南岗店,融资1200万元。

图2-3　佰家汤泉

潍坊佰家汤泉休闲会所,融资2 057.4万元。

图2-4　全季酒店

哈尔滨全季酒店中央大街店，融资2400万元。

图2-5　晗月H酒店

西安晗月H酒店，融资900万元。

图2-6　海荣锅贴馆

陕西渭南海荣锅贴馆3期（渭南万达店），融资120万元。

（资料来源于人人投官方网站）

二、云筹平台

图2-7 云筹官网标识

云筹是中国领先的影视植入平台，为新媒体影视内容开展原生植入服务，构建了由影视制片公司、专业影视投资基金、广告主投资人、社会大众资本、广告代理商组成的多方金融生态圈。

云筹成立于2014年，是中国证券业协会首批8家众筹会员单位之一、广东省首批股权众筹试点单位、中国青年天使会官方合作平台、深圳众筹工会联席会长单位，曾获得"中国最佳股权众筹平台""中国最具竞争力创投平台"大奖。自上线以来，共为53个高科技创投项目获得众筹融资3.1亿元。

云筹影商联盟构建的多方互动生态，具有三方面特色和优势：一是解决影视制作融资和原生植入问题的同时，为影视项目创造IP增值、宣传推广、打造品牌、促进发行等增值效应价值；二是以投资福利方式吸引了大批新兴消费品牌和创新型企业主加入影视投资人的阵型，降低广告主投资决策的难度满足其对广告效果跟踪的诉求，使影视投资圈子更开放，有效解决了原生植入招商短周期被动匹配的痛点；三是云筹构建的优先劣后权益融资结构和票房担保的债权融资结构，大大提升了融资效率和投资人的参与热情。

云筹影视运营至今，已与超过百家的影视公司建立了合作关系，并培养了五万名高净值企业高管和新兴品牌企业主投资人，成功为《阿飞向前冲》《隐之爱人》《龟蜜日记》《主要看气质》《扫黄》《心理师》《西西弗斯的料理》《八仙》等10多个优质影视项目完成募资3000万元。云筹联合主办的"南方电影沙龙"活动集结了众多业界顶尖制作人、导演、编剧等专业人士,共有包括臧溪川、陆川、秦海璐、张静初、张琼、车太极、李远、张猛、麦田等在内的近200位资深人士。

(资料来源于云筹平台官方网站)

三、天使街

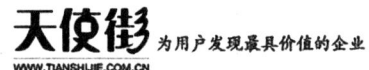

图2-8 天使街官网标识

天使街是一家科技金融公司,由多家专业投资机构共同创办于2014年4月,基于科技创新和金融创新两大支撑体系,布局众筹、基金、孵化器三大业务板块,致力于打造共享、智能的创新金融与创业服务生态系统,让用户的金融生活更加美好。

目前,天使街已在全国成立50余家子公司,累计服务企业400家,上线融资额20亿,众筹板块专注聚焦于经营型物业、连锁品牌等收益权众筹,为用户推荐经过严格筛选把关的优质资产,获取稳定、安全的较高投资收益。未来,用户可在天使街平台实现定期理财、保险、股权投资等金融产品的交易,还可享受社区交流、智能投顾等服务。

2014年12月,天使街成为中国证券业协会首批8家备案的众筹平台之一。天使街作为科技金融的创新型企业,为行业健康发展做出了持续贡献,获得了行业和资本市场的高度认可,已成为中国资质信用最好、业务足迹最广的领军平台。

(资料来源于天使街官方网站)

第三章 债权融资

第一节 债权融资介绍

因为贷款的利息在符合国家相关规定的条件下可以在企业所得税前扣除,并且债权的资本成本一般低于股权的资本成本,因此债权融资可以降低企业的资本成本,并提高现有股东的投资回报率(公司的现有收益率大于贷款利率的前提下)。

债权融资的缺点是有按期还本付息的压力,相当于增加了一定时间内的固定成本,因此增加了企业的账务杠杆和整体风险。

在后面将就抵押类、质押类等贷款以独立的章节为大家做介绍。

第二节 企业什么时候适用债权融资

企业处于成长期、成熟期及衰退期时均适用债权融资,因为这些时期营运风险相对较低,利用债权融资虽然提高了公司的财务风险,进而提高了公司的整体风险,但由于企业已有了相对稳定的收入,能够承担固定的还本付息的压力,所以整体风险是可以承受的。当一个企业的债务资本成本小于股权资本成本,并且可以承担相应的财务风险时,利用债权融资可以在降低企业资本成本的同时,提高现有股东的投资收益率。

有一些企业家会通过社会上的一些途径借高利息的民间贷款,这时候就要非常小心了,因为按我国相关法律规定,最高36%的利率是合法的,法院也支持未支付利息部分24%内的诉讼请求。如果你用这么高的利率去借款用于企业经营的话，很多时候会发现，这样的利率远高于企业现有的收益率，这样企业的利益基本会让借款利息吃掉，企业的经营会陷入恶性循环，最后难以为继。

目前银行的贷款利率基本在年化6%左右，一些二三线城市更低，但大多企业尤其是中小企业很难从银行取得贷款，为此有的企业家在资本困难时不得不寻求一些高利息的民间贷款。

第三节　债权众筹平台——P2P平台介绍

针对目前越来越多的P2P平台，2016年8月，中国银监会正式公布了《网络借贷信息中介机构业务活动管理暂行办法》，对P2P平台进行了一系列的规范要求，包括不得直接或间接归集出借人的资金，平台不得向出借人提供担保或承诺保本保息，不得向非实名制的注册用户宣传或推介融资项目，所有资金必须进行银行托管等。但到目前为止，还是有些平台没有按国家要求的进行规范，估计2018年至少近几百家的P2P平台将面临被取缔的风险。

在P2P平台上，目前企业贷款的利率在12%左右，相当于银行贷款两倍的利息，如果企业正在通过P2P平台进行借款，要注意不要发生违约的情况，因为目前很多P2P平台都发生了恶性催款的行为；个人如果想通过P2P平台投资理财，也要特别注意风险，一旦平台发生承兑违约，则损失很难追回或追回的成本太高。

以下网站的介绍顺序没有任何排名的含义，仅为向大家做简单介绍而已，以供参考，市场有风险，投资需谨慎。

一、宜人贷

图3-1　宜人贷官网标识

宜人贷（NYSE:YRD）是一家中国领先的金融科技平台，由宜信公司于2012年推出。宜人贷通过科技驱动金融创新，为中国优质的城市白领人群提供高效、便捷、个性化的信用借款咨询服务；通过"宜人财富"为大众富裕人群提供安全、专业的在线财富管理服务。2015年12月18日，宜人贷在美国纽约证券交易所成功上市，成为中国金融科技第一股。截至2017年9月30日，宜人贷累计服务了约100万借款用户、近120万出借用户，累计促成借款总额达605亿元。

宜信创建于2006年，总部位于北京。宜信是一家从事普惠金融和财富管理事业的金融科技企业，在支付、网贷、众筹、机器人投顾、智能保险、区块链等前沿领域积极布局，通过业务孵化和产业投资参与全球金融科技创新。宜信成立12年以来，始终坚持以理念创新、模式创新和技术创新服务中国高成长性人群、大众富裕阶层和高净值人士，真正地让金融更美好。

（资料来源于宜信官方网站）

二、信融财富

图3-2　信融财富官网标识

深圳市信融财富投资管理有限公司创办于2012年3月，注册资本6 904.55万元人民币，实收资本5 704.55万元人民币，总部位于深圳，拥有完整的产品、研发、风控、财务以及客服等职能体系，是一家具备优秀的自主研发能力的金融创新型企业，在2014年当选广东互联网金融协会首届副会长单位。信融财富旨在通过为投资人提供低风险、收益率适中的投资理财服务，帮助其实现资产的稳健增值；同时，通过为融资方高效解决资金需求，帮助其改善生产和生活。

作为P2P行业的"元老级"人物，信融财富坚持以创造投资人价值为核心，以信致远，赢得了良好的用户口碑。

（资料来源于信融财富官方网站）

三、拍拍贷

图3-3　拍拍贷官网标识

拍拍贷成立于2007年6月，公司全称为"上海拍拍贷金融信息服务有限公司"，总部位于国际金融中心上海，是一家网络借贷平台。2017年，拍拍贷于美国纽交所成功上市，11年来累计帮助借款用户完成3400多万笔借款。

拍拍贷是一家由工商部门批准，获批"金融信息服务"的经营范围，得到政府认可的互联网金融平台。拍拍贷用先进的理念和创新的技术建立了一个安全、高效、透明的互联网金融平台，规范个人借贷行为，让借人者改善生产生活，让借出者增加投资渠道。拍拍贷相信，随着互联网的发展和中国个人信用体系的健全，先进的理念和创新的技术将给民间借贷带来历史性的变革，拍拍贷将是这场变革的领导者。

截至2016年12月,拍拍贷平台注册用户达3000万,品牌影响、用户数、平台交易量等方面均在行业内占据靠前位置。

(资料来源于拍拍贷官方网站)

四、小微金融

图3-4 小微金融官网标识

深圳小微金融服务有限公司实缴注册资本达两亿元,是由总资产超过300亿元的中国房地产百强企业——东方银座集团全资控股的网络借贷信息中介平台。

小微金融秉持着"助小扶微、筑梦创财"的使命,运用先进的理念和创新的技术建立了一个安全、高效、诚信、透明的互联网金融平台,致力于为投资人提供稳健可持续的理财服务以及为借款人提供便捷普惠性的融资服务。

随着互联网金融的发展与金融体系的健全,小微金融将秉承"诚信创造财富"的价值观,助力中国经济转型升级与实体经济发展,力争成为互联网金融行业内最具影响力、公信力的领航者。

(资料来源于小微金融官方网站)

五、投哪网

图3-5 投哪网官网标识

投哪网于2012年正式上线,是深圳旺金金融集团旗下的网络借贷信息中介平台（由深圳投哪金融服务有限公司运营），专注于互联网汽车金融领域，位居行业领先地位。自公司成立以来，秉承"诚信、规范、专业、透明"的经营理念，通过将互联网技术与金融服务相融合，致力于为有资金需求的借款人和有闲散资金的出借人提供信息搜集、信息公布、信息交互、借贷撮合等综合信息服务，努力推动中国普惠金融的创新与发展。

投哪网始终坚持合规运营，稳健发展，积极推动行业自律。投哪网于2014年、2015年先后加入深圳互联网金融协会、广东互联网金融协会，并获任副会长单位至今。2016年3月加入中国互联网金融协会，成为首批会员单位。2016年7月，投哪网与广发银行合作开发的资金存管系统正式上线，率先完成资金存管。

投哪网以汽车金融业务为核心，结合移动互联网技术，严把风控关，以自主研发的多维度风险控制系统，形成领先于同行的风控应用能力，建立了规范可定制化风控流程、移动化评估+自动化评估出价系统，结合反欺诈、评分模型和系统决策以及大数据平台等风控能力，实时对接多维度征信大数据，基于大数据进行实时数据整合、数据分析，全方位实现贷款风险管理，贷款资金由南粤银行提供。

截至2017年8月，投哪网注册投资用户超过400万，累计撮合成交金额超过430亿元，为超过30万的中小微企业和个人解决了"短期小额"的资金需求，服务小微经济发展。

投哪网拥有一支高素质、专业化，以诚信经营为己任的经营管理团队。核心团队主要来自北京大学、香港大学、清华大学等著名学府，团队秉承了"以天下为己任"的北大精神和"厚德载物"的清华校训，不仅以高尚人格自我要求，更致力于推进全社会诚信价值体系构建。

投哪网拥有"券商PE+上市公司+国资"三重股东背景。2014年6月，投哪网获得广发证券全资子公司广发信德的战略投资,并与之达成战略合作伙伴关系。2015年4月,投哪网获得国内上市公司大金重工1.5亿元注资,成功完成B轮战略融资。同年12月,投哪网获得中银粤财基金战略持股,双方达成战略合作关系。

凭着诚信专业的服务与创新能力,投哪网不断获得社会和主流财经媒体的广泛认可和赞誉,曾于2014年两度荣获中国社科院"P2P网贷评级体系"A级平台荣誉,2014年至2016年连续3年获得《证券时报》颁发的"中国最受欢迎互联网金融平台"奖,2015至2016年连续两年荣获《每日经济新闻》颁发的"互联网金融平台50强"奖,2015年荣获《21世纪经济报道》颁发的中国资产管理"金贝奖",2016年荣获"2016领航中国优秀金融服务公司""2016最佳互联网金融技术创新奖"等荣誉奖项。

(资料来源于投哪网官方网站)

第四章 产品融资

第一节 产品融资介绍

产品融资的实质就是预售产品,向不同的人预售产品,则采用不同的方式预售。产品融资的优点是不用释放股权,也没有还债的压力。产品融资的关键风险控制是产品要按期并保证质量交货,不能有大量产品出现质量问题而导致退货,或者因为产品延期交货而导致退货发生。

产品融资中大家最熟悉的方式就是通过京东众筹平台、天猫众筹平台等众筹方式来预售产品。

如果你的产品并不适合到京东或天猫上去众筹,那么可以采用直接向代理商或企业客户作预售,当然这样做的前提是你的产品属卖方市场,产品是缺货的。如果属买方市场,即供大于求,则很难用这种方式来众筹。

第二节　产品众筹平台介绍

一、京东金融

图4-1　京东金融官网标识

京东金融是京东金融集团打造的一站式在线投融资平台,以成为国内最值得信赖的互联网投融资平台为使命,依托京东集团强大的资源,发挥整合和协同效应优势,将传统金融业务与互联网技术相结合,探索全新的互联网金融发展模式,致力于为个人和企业用户提供安全、高收益、定制化的金融服务,让投资理财变得简单快乐。

(资料来源于京东金融官方网站)

二、淘宝众筹

淘宝众筹
hi.taobao.com

图4-2　淘宝众筹官网标识

淘宝网是中国深受欢迎的网购零售平台,目前拥有近5亿的注册用户,每天有超过6 000万的固定访客，同时每天的在线商品数已经超过了八亿件，平均每分钟售出4.8万件商品。截至2011年年底，淘宝网单日交易额峰值达到43.8亿元，创造270.8万直接且充分就业机会。随着淘宝网规模的扩大和用户数量的增加，淘宝网已从单一的C2C网络集市变成了包括C2C、团购、分销、拍卖等多种电子商务模式在内的综合性零售商圈。目前淘宝网已经成为世界范围内电子商务交易平台之一。

（资料来源于淘宝官方网站）

三、苏宁金融

SUNING 苏宁金融

图4-3　苏宁金融官网标识

苏宁金融是中国金融O2O领先者，稳居国内一线互联网金融集团行列。基于苏宁商业生态，苏宁金融定位为一家以O2O融合为特色的金融科技公司，依托生物特征识别、大数据风控、智能营销、智能投顾、金融云五大核心技术，打造了支付账户、供应链金融、消费金融、投资理财、众筹、保险、储值卡七大主营业务，为广大消费者和中小微企业提供优质的综合化金融服务，致力于中国普惠金融与廉价金融的实现。

（资料来源于苏宁控股官方网站）

第五章　质押类贷款融资

一、股权质押

股权质押一般上市公司用得比较多，当上市公司股东所持有的股权质押期间不能交易，或者股东并不想出卖股票时，可以向银行进行股权质押贷款，在偿还银行贷款之前，股权无法进行交易。如果质押股权的股东到期不能偿还银行贷款及利息，则银行可以将股权进行拍卖。

二、应收账款质押贷款

企业可以将应收账款以低于银行借款及利息的金额质押给银行取得贷款。应收账款质押给银行后，银行并不承担应收账款无法回收的风险，一旦应收账款无法回收，则企业需要另外向银行补充提供应收账款进行质押。

三、仓单质押贷款

仓单代表指定仓库财产的所有权的凭证，就好比银行存款单代表在银行拥有一定的现金存款一样。可以背书转让、质押的仓单是凭单提货的仓单，也就是标准仓单；如果是记名仓单、指示仓单，则不能质押。

四、保单质押贷款

保单质押贷款是投保人将所持有的保单质押给银行或质押给保险公司，以低于保单现金价值一定比例取得银行贷款或保险公司贷款。

并不是所有的保单均可以质押，质押的保单要求有一定的现金价值，比如说投资分红类保单、养老类保单等。

第六章　抵押类贷款融资

抵押类贷款融资是我们比较熟悉的，比如我们买房向银行贷款，就是将房子抵押给了银行。目前银行接受的抵押类财产比较有限，有房屋，城市土地使用权，荒山、荒沟、荒丘、荒滩等荒地的土地使用权，运输工具，机器及其他财产等，但以房屋及土地使用权类为主。

浮动财产抵押是指债务人将现有的以及将有的生产设备、原材料、半成品、产品抵押，债务人不履行到期债务或者发生当事人约定的实现抵押权的情形，债权人有权就实现抵押权时的动产优先受偿。浮动财产抵押更多的时候只是个法律名词，一般银行是不接受这一类抵押的。

以下财产属于不得抵押类财产：土地所有权；耕地、宅基地、自留地等集体所有的土地使用权，但法律规定可以抵押的除外；学校、幼儿园、医院等以公益为目的的事业单位、社会团体的教育设施、医疗卫生设施及其他社会公益设施；所有权、使用权不明或存在争议的财产；依法被查封、扣押、监管的财产以及法律、行政法规规定不得抵押的其他财产。

第七章　票据贴现类融资

票据分为即期票据和远期票据。即期票据是指"见票即付"类票据，如支票、本票及"见票即付"的汇票；远期票据是指持票人只能在票据记载的特定日期或以一定方法计算的日期到来时，才有权请求付款。

票据融资是指对于远期票据来说，票据权利人无权在到期日之前请求票据债务人支付票据金额，但是可以在法律允许的范围内将票据权利转让给他人，并从受让人处立即获得对价，或用票据进行质押而获得借款。以下介绍的汇票均指其中的远期汇票。

贴现是指支付一定的手续费后将未到期的有价证券提前取得价款。

一、银行承兑汇票贴现

银行承兑汇票是银行作为债务人的承兑汇票，信用较高，持票人可以在汇票到期日前向银行支付一定的手续费后提前贴现以获得资金。

二、商业承兑汇票贴现

商业承兑汇票是以出票的企业为债务人,由出票人将来在指定的日期负责承兑。商业承兑汇票能不能在银行取得融资,要看出票人的信用情况,信用不是非常好的企业出具的商业承兑汇票是很难在银行实现贴现的。

目前有很多社会上的中间人或组织接受商业承兑汇票,有的并不具有合法性。对于一般的商业承兑汇票,由于中间人或组织承受的风险较高,所以向他们贴现时所需支付的手续费也非常高。

第八章 融资租赁

融资租赁是区别于经营租赁而言的,它在财务上的做账方式与经营租赁是不同的。

融资租赁的一种方式是直接取得固定资产形成的融资租赁,即承租人选定设备后,由融资租赁公司支付贷款,然后将设备出租给承租人。融资租赁的设备在租期内是不能解除合同的,且在设备的使用过程中所发生的质量问题,设备被偷或毁坏,或设备导致他人受到伤害等,承担责任的均是承租人,承租人在租期内需一直支付租金;但如果设备是依赖融资租赁公司人员的技术而选取的设备,则如果出现质量问题并不完全与融资公司无关。

融资租赁另一种方式是售后回租形成融资租赁关系。当企业出现资金困难时,可以采用将房屋、设备等出售并在出售后回租的方式融得资金。当租金及租赁达到一定条件时,则构成融资租赁。

第九章　售后回购融资

售后回购融资是指公司通过将自己的产品销售给其他方，并承诺在指定时间内按照指定价格再回购而取得资金的方式。公司将产品销售后并不实际向其他方发货，仅是形式上签署销售及回购合同。

销售与回购之间的差价部分为财务费用，即融资产生的费用。

第十章　信托贷款

信托贷款是指受托人接受委托人的委托，将委托人存入的资金，按其（或信托计划中）指定的对象、用途、期限、利率与金额等发放贷款，并负责到期收回贷款本息的一项金融业务。委托人在发放贷款的对象、用途等方面有充分的自主权，同时又可利用信托公司在企业资信与资金管理方面的优势，增加资金的安全性，提高资金的使用效率。

第十一章　企业债券

企业债券是指企业依照法定程序发行，约定在一定期限内还本付息的有价证券。上市公司发行的债券分为普通债券、可转债券等，由证监会负责核准；非上市公司发行公司债券的，一般为大型国有公司（一般民营非上市、非公众公司是很难发行公司债券的）发行公司债券，则由省级发改委预审、国家发改委核准。

第十二章　个人信用融资

个人信用融资是指通过个人的信用在银行取得一定贷款的方式。个人可以通过信用卡在各个银行进行融资；如果企业流水好的话，企业负责人可以在银行取得比较多的个人信用贷款。

除以上融资方式外，还包括资产证券化、外汇融资等方式。

第十三章　商业模式融资

第一节　商业模式融资之代理权融资

这里介绍的商业模式融资，不包括其中涉及的股权融资。

"代理权"是个我们经常听到的词语，全国总代理、省级代理、市级代理、县级代理等，不同的代理权很多时候是要付出不同的代价的。有的企业向外释放代理权时，要求代理商要达到一定的销售量；而有的企业先是收取代理权押金，然后要求每年达到一定的销售量，如果达不到销售量，可能会不返还相应押金等。

代理权融资的好处是只要事先设计好代理权的释放方案，则永远是只赚不赔的买卖。同时如果想要使代理权能够很好地释放出去,你的产品或项目的投资回报率要有一定优势。

代理权融资在理想的前提下,到底有多大魅力呢?下面和大家简单算一笔账。

如果你释放省级代理权,则中国有23个省、四个直辖市,每个省或直辖市收取代理费100万,则你理论上可以收取到2700万元代理费。

如果你释放市级代理权,则中国有661个市(地级及县级市),每个市收取代理费10万元,则你理论上可以收取到6610万元。

如果你释放县级代理权,则中国有1636个县及661个市,每个县或市收取代理费五万元,则你理论上可以收取到11 485万元(超过1个亿)。

现实中假设你实际只能释放的个数是上述数字的20%,你可以自己算一下,是不是也是非常可观的数字呢?要知道这都是无息贷款,只要代理商销售你的产品,你就不用返还这些代理费。

这就是为什么好的产品会要求代理商支付一定的代理费的原因之一。

第二节　商业模式融资之直销

商业模式融资中最有魅力的要算直销了,既卖出了产品也获得了收益。直销的商业实质也是一种代理权,买一定金额的产品后享有代理权,有权向其他人销售并同时向他人推销代理权,拥有了这种代理权后方可享受所推销出去的其他代理商或本人销售产品的提成。合法的直销公司对于销售人员能够提取分成的层级是有严格限制的,不能无限制层级提成。直销在我国要经相关部门批准,否则可能构成非法传销。

第三节　商业模式融资之预付费卡

预付费卡有两类,一类是集团内部卡,只能用于集团内部,比如家乐福卡、欧尚超市卡等;一类是通用卡,可以在指定的会员单位进行销售,比如常见的斯玛特卡。

单独一家店也可以通过商业模式来融资,目前最普遍的就是美容业及健身行业了。顾客充值一定的金额购买具有一定打折权限的卡,也就是不同等级的会员卡,顾客来消费时就可以打折了。顾客充值的行为,其实就是向店方进行了无息贷款且不用还本,用以后的消费来抵冲即可。也可以说是一种不特定服务的预售行为,需等顾客来店消费时才能确定是购买了哪一种服务。

目前预付费卡乱象丛生,有的企业并没有能力发售预付费卡,为了融资而大量发售,引起了一些不好的社会反应。相信在不久的将来,政府会出台有关预付费卡的规范制度,以引导企业规范发卡,引导顾客正确消费使用。

第四节　商业模式融资之会员费

会员费的模式,在一些高端商业人士的俱乐部中比较常见,俱乐部的会员需要事先按年或一次性缴纳一定金额以取得会员资格,有了会员资格后方可参加俱乐部组织的会员活动。

第五节　商业模式融资之广告权

这种情况是电影行业常用的融资方式，在电影筹备阶段就会向外预先销售广告权，当然大部分资金来源还是股权的溢价融资。

很多电视台的比赛活动也是用了这种方式，比如各种比赛事先就拉赞助费、冠名权等。

目前新型模式下，商业模式融资的方式也越来越多，比如共享单车的押金、水滴互助的会员账上款项、移动及电信的充值送话费等。

第十四章　应付账款、预付款融资

应付账款及预付款的融资实质就是无息使用一段时间的资金。

应付账款不是拖的时间越长越好，那样公司就损失了信誉，信用对企业来说更重要。一个企业如何能够使应付账款的周期延长呢？这就涉及企业信用管理。当一个企业与供应商之间建立起良好的信用的时候，供应商就愿意相对将账期延长一些。举例来说，A企业定期向B企业采购，并按B企业的付款要求按期足额支付货款，这样经过一定时间后，A企业在B企业那里就建立了良好的信用，这时候A企业可以向B企业提出延长付款周期的要求，如果B企业资金能够承受的话，则比较容易答应A企业的要求。

预付款的无息使用，前提是公司的产品要有质量保证，有稳定的客户关系，客户愿意为此预付一定的货款；或者公司的产品处于卖方市场，顾客要想拿到产品,必须事先支付一定的预付款(其实质是产品融资,只是按产品售价的部分来融资而已)。

第十五章　混合融资

在本章之前提到了很多种融资方式,这些方式不是独立的、互相排斥的,而是可以综合使用的。

企业在决定融资之前,要先做至少三年以上的规划,并在这个规划当中,将资金规划列出来,根据资金的规划来策划融资方案。

建议企业采用将上述介绍的融资方式相结合的综合方案,根据资金规划,利用不同的方案以实现融资,并将企业的整体风险控制在能够接受的范围内。

我们举个简单的例子来说明:

甲拥有一个新的项目,准备购买一块土地建厂,建厂后购买设备生产L产品,其中购买50亩土地需要500万(10万元/亩,政府支持项目),建厂需要1000万元,购买设备需要1000万元,运营资金200万元,年生产量为2万台,每台售价5000元,单位成本2000元(其中原材料成本1000元,人工800元,制造费用200元),年总成本为4000万元(原材料2000万元,人工1600万元,制造费用400万元),毛利率为60%(不含管理费用等)。为计算方便,我们假设成本2000元的制造费用不含设备的折旧,仅为水电费等,同时假设所有资金均在年初时一次性到位。

甲拥有资金800万,我们看一下他如何将这个项目成功运作起来。

这是一个政府扶持项目,当地政府提供1200万元的无偿贷款,免费使用3年。甲首先向当地政府支付200万元的土地购买款，剩余300万元用贷款支付。接着支付50%的建厂首付款，剩余用政府贷款支付。然后支付设备购买款100万元，剩余900万元向设备厂商出让9%的股权。到目前为止，甲资金余额为0，政府扶持资金为400万元。

甲向代理商预售产品，支付售价的30%（为计算简便，这里忽略了零售价与批发价的不同），收到预付款3000万元，拿到代理商的预售合同后向银行进行商业贷款，取得1000万元。企业向员工进行股权激励，收到员工股权购买款项300万元。后支付原材料厂商2000万元，人工1600万元，制造费用400万元，运营资金200万元。到目前为止，甲还拥有500万元的融资款用于后期企业运营。

上面只是就综合融资的使用做一下简单说明，实际中可以根据企业资金的使用要求，灵活采用融资方式。

第三单元　上市的误区

第一章　误区一：企业规模小，不能上市

在本章及以后的章节中，有涉及证监会审核意见的资料，摘录的内容比较完整。如果你是正在准备上市工作或将来准备上市的企业，可以详细阅读一下这部分资料，再结合企业的上市顾问团队，做好上市前的各项准备工作。

很多企业家认为，企业只有做大了，才能上市，目前规模太小，无法上市。基于这个观点，我们通过以下几个案例来说明一下。

一、企业虽小也能上市的案例

案例1　大连易世达新能源发展股份有限公司

以下内容摘自易世达首发申报的招股说明书，从合并利润表中可以看到2007年度公司的合并利润只有400多万元。

表1-1　大连易世达新能源发展股份有限公司首发招股说明书之合并利润表

单位：元

项目	2010年1-6月	2009年度	2008年度	2007年度
一、营业总收入	262 513 237.73	391 955 131.61	253 480 834.62	33 391 774.47
其中：营业收入	262 513 237.73	391 955 131.61	253 480 834.62	33 391 774.47
二、营业总成本	223 005 218.48	349 099 047.76	219 281 085.70	27 914 823.53
其中：营业成本	204 928 985.04	313 968 572.48	197 130 938.47	21 449 486.29

续表

项目	2010年1—6月	2009年度	2008年度	2007年度
营业税金及附加	2 083 097.83	2 999 960.45	755 113.58	443 798.42
销售费用	2 734 165.30	2 099 016.92	874 956.82	98 132.59
管理费用	14 295 238.76	20 325 704.41	15 343 877.90	5 342 590.66
财务费用	−219 241.80	366 084.39	937 759.89	−12 093.48
资产减值损失	−817 026.65	9 339 709.11	4 238 439.04	592 909.05
加：投资收益（损失以"−"号填列）		610 808.85	−1 015 106.29	−1 168 787.56
其中：对联营企业和合营企业的投资收益		610 808.85	−1 015 106.29	−1 168 787.56
三、营业利润（亏损以"−"号填列）	39 508 019.25	43 466 892.70	33 184 642.63	4 308 163.38
加：营业外收入	2 009 156.00	1 565 620.45		
减：营业外支出	19.00	1 784.64	25 625.81	232.43
四、利润总额（亏损总额以"−"号填列）	41 517 156.25	45 030 728.51	33 159 016.82	4 307 930.95
减：所得税费用	6 719 401.59	6 632 486.85	5 120 466.78	−40 519.06
五、净利润（净亏损以"−"号填列）	34 797 754.66	38 398 241.66	28 038 550.04	4 348 450.01
归属于母公司所有者的净利润	33 989 112.64	38 114 843.33	28 038 550.04	4 348 450.01
少数股东损益	808 642.02	283 398.33		
六、每股收益				
（一）基本每股收益（元/股）	0.77	1.07	0.95	0.62
（二）稀释每股收益（元/股）	0.77	1.07	0.95	0.62
七、综合收益总额	34 797 754.66	38 398 241.66	28 038 550.04	4 348 450.01
归属于母公司所有者的综合收益总额	33 989 112.64	38 114 843.33	28 038 550.04	4 348 450.01
归属于少数股东的综合收益总额	808 642.02	283 398.33		

案例2 江苏东华测试技术股份有限公司

以下是江苏东华测试技术股份有限公司创业板首发招股说明书（申报稿）中的合并利润表，这家公司2009年改制为股份公司，当年的净利润只有980多万元，营业收入也只有4000多万元。东华测试规划上市的时间正常应该在2007年左右，那时的利润可以推算一下，或许是更低的。

表1-2 江苏东华测试技术股份有限公司首发招说明书之合并利润表

单位：元

项目	2011年度	2010年度	2009年度
一、营业总收入	95 229 262.84	72 149 934.46	43 473 969.63
其中：营业收入	95 229 262.84	72 149 934.46	43 473 969.63
利息收入			
已赚保费			
手续费及佣金收入			
二、营业总成本	62 541 190.45	47 321 968.22	33 246 750.62
其中：营业成本	29 480 148.55	22 226 168.63	14 551 345.89
利息支出			
手续费及佣金支出			
退保金			
赔付支出净额			
提取保险合同准备金净额			
保单红利支出			
分保费用			
营业税金及附加	1 530 837.22	1 202 085.18	797 482.19
销售费用	9 620 173.66	8 144 949.89	4 348 579.21
管理费用	20 041 736.21	14 578 100.85	12 014 328.61
财务费用	715 661.70	500 048.75	1 173 958.54
资产减值损失	1 152 633.11	670 614.92	361 056.18
加：公允价值变动收益（损失以"-"号填列）			

续表

项目	2011年度	2010年度	2009年度
投资收益（损失以"-"号填列）			
其中：对联营企业和合营企业的投资收益			
汇兑收益（亏损以"-"号填列）			
三、营业利润（损失以"-"号填列）	32 688 072.39	24 827 966.24	10 227 219.01
加：营业外收入	4 199 266.54	1 048 618.87	1 206 145.78
减：营业外支出	151 085.00	21 148.87	28 592.39
其中：非流动资产处置损失		1 148.87	22 592.39
四、利润总额（亏损总额以"-"号填列）	36 736 253.93	25 855 436.24	11 404 772.40
减：所得税费用	4 933 965.72	3 805 576.78	1 626 306.20
五、净利润（净亏损以"-"号填列）	31 802 288.21	22 049 859.46	9 778 466.20
归属于母公司所有者的净利润	31 791 627.42	22 057 103.37	9 809 661.01
少数股东损益	10 660.79	-7 243.91	-31 194.81
六、每股收益：			
（一）基本每股收益	0.9559	0.6856	0.3270
（二）稀释每股收益	0.9559	0.6856	0.3270
七、其他综合收益			
八、综合收益总额	31 802 288.21	22 049 859.46	9 778 466.20
归属于母公司所有者的综合收益总额	31 791 627.42	22 057 103.37	9 809 661.01
归属于少数股东的综合收益总额	10 660.79	-7 243.91	-31 194.81

二、公司已经做得很大,但不能上市的案例

案例3 杭州千岛湖鲟龙科技股份有限公司

从这家公司招股说明书中的合并利润表可以看出,该公司是有一定规模的,公司的利润也不错。企业要符合上市的要求,其一就是利润要有稳定的增长。企业为实现这一目标而想尽各种办法,企业规模越大,压力和难度也越大,为达到这一要求而出现各种无法合理解释的情况,这是证监会所不能认可的,从证监会发审委的审核意见中可以看出这一点。

表1-3 杭州千岛湖鲟龙科技股份有限公司招股说明书之合并利润表

单位:元

项目	2014年1-6月	2013年度	2012年度	2011年度
一、营业总收入	41 127 648.13	124 473 485.84	92 805 301.41	103 189 027.68
其中:营业收入	41 127 648.13	124 473 485.84	92 805 301.41	103 189 027.68
二、营业总成本	39 883 627.31	84 043 403.77	70 179 985.09	64 328 247.70
其中:营业成本	24 944 291.83	47 693 088.43	37 080 234.96	37 063 042.93
营业税金及附加	35 182.14	183 874.71	228 665.36	73 107.57
销售费用	4 200 243.78	12 703 287.78	13 462 032.67	12 005 173.46
管理费用	6 168 730.06	14 591 055.49	14 624 583.02	11 898 340.62
财务费用	3 654 351.08	7 786 605.17	4 595 179.86	2 782 166.08
资产减值损失	880 828.42	1 085 492.19	189 289.22	506 417.04
加:公允价值变动收益(损失以"-"号填列)	172 448.50	27 335.29	-91 285.14	
投资收益(损失以"-"号填列)	30 350.00	-27 465.70		
其中:对联营企业和合营企业的投资收益				
汇兑收益(损失以"-"号填列)				
三、营业利润(亏损以"-"号填列)	1 446 819.32	40 429 951.66	22 534 031.18	38 860 779.98

续表

项目	2014年1—6月	2013年度	2012年度	2011年度
加：营业外收入	2 808 950.05	8 316 230.80	4 996 469.89	1 929 410.22
减：营业外支出		58 064.47	30 011.74	30 005.36
其中：非流动资产处置损失		28 064.47		
四、利润总额（亏损总额以"-"号填列）	4 255 769.37	48 688 117.99	27 500 489.33	40 760 184.84
减：所得税费用	861 023.77	6 234 326.73	2 896 216.46	4 036 903.15
五、净利润（净亏损以"-"号填列）	3 394 745.60	42 453 791.26	24 604 272.87	36 723 281.69
其中：被合并方在合并前实现的净利润				
归属于母公司所有者的净利润	3 468 481.96	42 552 602.90	24 594 425.31	36 812 967.27
少数股东损益	-73 736.36	-98 811.64	9 847.56	-89 685.58

我们看一下证监会发审委的审核意见：

（一）审核结果

杭州千岛湖鲟龙科技股份有限公司（首发）未通过。

（二）发审委会议提出询问的主要问题

1. 报告期内，发行人营业收入中境外收入占比较高，且主要通过经销渠道实现销售。请发行人代表说明：①主要经销商的资金实力、销售区域，销售核算与经销商的核算是否存在重大不符；②分类及分地区说明发行人、经销商布局的合理性，是否频繁发生经销商开业及退出的情况，经销商变化情况及原因，经销商终止合作后库存商品的解决方式；③报关数据与发行人自身数据是否匹配，出口退税情况是否与发行人境外销售规模相匹配。请保荐代表人说明核查过程、依据，并发表明确核查意见。

2. 发行人报告期销售收入分别为1.2亿元、1.39亿元和1.54亿元，主要有四种产品，不同产品销售单价存在差异，且同一产品不同年度之间存在差异。请发行人代表说明：①各类产品的定价政策，以及与客户议价的能力；②达氏鲟鱼子酱、史氏鲟鱼子酱报告期内销售价格波动较大的原因及合理性；③杂交鲟鱼子酱销售价格逐年下降的原因及合理性，发行人毛利率基本为70%左右且增长的原因及合理性；④史氏鲟鱼子酱和西伯利亚鲟鱼子酱销售量逐年下滑的原因；⑤各类产品单位成本波动较大的原因。请保荐代表人说明核查过程、依据，并发表明确核查意见。

3. 报告期内，发行人存货余额较大，其中消耗性生物资产（鲟鱼）占各期末存货的比例较高。请发行人代表说明：①报告期内发行人存货大幅增加的原因及消耗性生物资产确认计量的依据是否符合行业惯例；②报告期内消耗性生物资产后续价值的计量方法是否合理，是否符合行业惯例，相关饵料系数、预计平均增重是否准确，能否真实、准确计量相关消耗性生物资产价值；③存货盘点制度能否有效执行，盘点过程能否准确确定数量、重量及年龄等重要数据；④"人工智能图像识别"技术准确率达到97.53%的具体含义，是否采用该技术对2017年半年末盘点结果进行复核；⑤发行人现有的ERP系统如何消除实际平均增重与预计平均增重偏差对成本核算的不利影响。请保荐代表人说明核查过程、依据，并发表明确核查意见。

4. 招股说明书披露，发行人不存在控股股东和实际控制人，公司股权结构较为分散。请发行人代表说明：①结合发行人历史和实际管理等情况，分析说明认定不存在控股股东和实际控制人的合理性；②说明是否形成一致行动，是否存在共同控制；③说明公司治理结构的稳定性及对持续经营的影响。请保荐代表人说明核查过程、依据，并发表明确核查意见。

（资料来源于中国证监会官方网站）

案例4 深圳时代装饰股份有限公司

第17届证监会发审委2018年第17次会议审核结果公告（部分内容）：

（一）**审核结果**

深圳时代装饰股份有限公司（首发）未通过。

（二）**发审委会议提出询问的主要问题**

1. 报告期内发行人资产负债率持续较高，应收账款金额较大且持续增长；发行人经营活动产生的现金流量净额报告期内持续为负数。请发行人代表说明：发行人资产负债结构是否合理，现金流量是否正常，是否符合《首次公开发行股票并上市管理办法》相关规定。请保荐代表人发表核查意见。

2. 2014至2016年及2017年1至6月，发行人与非法人单位交易金额分别为9 554.53万元、10 208.59万元、9 599.86万元和4 475.81万元，交易金额、占比、交易对象数目呈下降趋势。请发行人代表说明：①发生上述变化的原因、背景及对发行人的影响；②与非法人单位交易的比例及其变动趋势与同行业可比公司是否一致；③针对非法人单位采购和现金采购的内部控制措施及其有效性。请保荐代表人发表核查意见。

3. 发行人报告期内主要客户较为集中，前五名客户销售额总计占营业收入的比例分别为96.92%、85.89%、85.91%和74.06%。请发行人代表说明：①报告期内对前五大客户销售的定价依据；②前五大客户销售对发行人业绩和现金流量的影响，并结合往年合作情况、订单签署情况，分析相关客户流失对持续经营能力的影响；③发行人是否存在改善目前客户较为集中的措施和计划，如存在，请详细说明；④发行人将分支机构作为销售部门进行核算，分支机构相关费用全部计入销售费用，请进一步说明是否属于会计差错，是否应当追溯调整财务报表，会计基础工作是否规范。请保荐代表人发表核查意见。

4. 报告期内发行人应收账款余额较高，各期分别为32 106.34万元、51 675.67万元、67 896.12万元和72 540.07万元。请发行人代表说明：①2017年年末营业收入与应收账款增长对比情况；②报告期内发行人应收账款增长较快、应收账款周转率逐年下滑的原因，是否存在放宽信用政策的行为，坏账准备计提是否充分；③应收账款保理业务开展情况，保理业务确认时点及其相关会计处理是否符合会计准则规定；④报告期内账龄在2年以上的质保金金额增长较快，占同期净利润的比重较高，请说明该等款项的收回是否存在重大风险，对于逾期质保金的准备计提是否充分。请保荐代表人发表核查意见。

（资料来源于中国证监会官方网站）

案例5　北京建工环境修复股份有限公司

以下是公司招股说明书中披露的合并利润表及证监会的审核意见。

公司2014年的净利润为3 720.25万元，2015年下降到2 843.08万元，2016年增长过快，达到6 843.28万元，到2017年1至6月份，又快速下降到了1 303.27万元，推算全年只有2 606.54万元，业绩还没有达到2015年的水平，企业的发展非常不稳定。这样即使企业做大了，也难以上市。

表1-4　北京建工环境修复股份有限公司招股说明书之合并利润表

单元：元

科目	2016年度	2015年度	2014年度
一、营业收入	1 074 443 498.02	445 499 156.22	416 295 122.23
减：营业成本	871 411 668.33	322 143 659.94	298 916 360.96
营业税金及附加	5 637 944.45	8 837 105.45	9 023 539.16
销售费用	22 943 108.05	18 838 639.40	14 711 033.86
管理费用	71 011 417.90	52 970 823.76	46 209 543.97

续表

科目	2016年度	2015年度	2014年度
财务费用	14 123 575.45	8 801 870.10	3 615 724.67
资产减值损失	11 327 297.32	5 825 026.06	-975 320.01
加：投资收益（损失以"-"号填列）	-1 311 251.65	27 423.49	-1 256 542.90
其中，对联营企业和合营企业的投资收益	-1 850 732.31	-535 421.95	-1 533 762.09
二、营业利润（损失以"-"号填列）	76 677 234.87	28 109 455.00	43 537 696.72
加：营业外收入	4 352 117.85	5 855 252.85	796 244.51
其中：非流动资产处置利得		20 652.72	1 569.23
减：营业外支出	773.63	147 913.64	34 939.83
其中：非流动资产处置损失		125 913.64	4 912.16
三、利润总额（损失以"-"号填列）	81 028 579.09	33 816 794.21	44 299 001.40
减：所得税费用	12 595 697.86	5 385 992.14	7 096 403.12
四、净利润（损失以"-"号填列）	68 432 881.23	28 430 802.07	37 202 598.28
归属于母公司所有者的净利润	69 079 008.18	29 727 820.50	38 154 742.42
少数股东损益	-646 126.95	-1 297 018.43	-952 144.14
五、其他综合收益的税后净额			
六、综合收益总额	68 432 881.23	28 430 802.07	37 202 598.28
归属于母公司股东的综合收益总额	69 079 008.18	29 727 820.50	38 154 742.42
归属于少数股东的综合收益总额	-646 126.95	-1 297 018.43	-952 144.14
七、每股收益			
（一）基本每股收益	0.72	0.31	0.40
（二）稀释每股收益	0.72	0.31	0.40

证监会发审委审核情况如下：

（一）审核结果

北京建工环境修复股份有限公司（首发）未通过。

（二）发审委会议提出询问的主要问题

1. 发行人报告期内采用完工百分比法确认建造合同收入，根据已经完成的合同工作量占合同预计总工作量的比例确定完工百分比。请发行人代表说明：①完工百分比未选用成本法的原因；②与工作量法比较，采用成本法对公司报告期经营业绩的影响，相关会计处理是否合理、谨慎。请保荐代表人说明核查方法、过程、依据，并发表明确核查意见。

2. 发行人2016年营业收入和净利润分别为10.74亿元和6 843.50万元，2017年1至6月营业收入和净利润分别为2.66亿元和1 303.27万元，变化幅度较大。请发行人代表说明：①结合同行业可比公司、客户集中度较高等因素，说明2016年度业绩较以往年度大幅上升的原因及其合理性；②结合季度性波动、在手未结算订单、施工周期、收入确认方法等因素，说明2017年1至6月业绩下滑的原因，是否可能持续下滑，发行人采取的应对措施，相关风险是否充分披露。请保荐代表人说明核查方法、过程、依据，并发表明确核查意见。

3. 现场检查反映发行人在固定资产管理、分包合同管理、招投标管理、收入确认等方面存在薄弱环节。请发行人代表说明：①上述问题是否反映发行人会计基础薄弱、内部控制制度存在不完善和执行不到位等缺陷；②对上述检查发现问题的整改及完善内部控制制度的情况。请保荐代表人说明核查方法、过程、依据，并发表明确核查意见。

4. 发行人与中科鼎实联合中标的北京焦化厂项目毛利率高达87%，发行人和中科鼎实按2:8的比例划分收入。请发行人代表说明：①发行人与中科鼎实是否存在关联关系或其他利益安排；②发行人与中科鼎实按2:8的比例划分收入的依据和合理性；③北京焦化厂项目毛利率与整体毛利率存在较大差异的原因。请保荐代表人说明核查方法、过程、依据，并发表明确核查意见。

5. 报告期内，发行人主营业务成本中，分包成本均为50%以上，部分已完工项目分包成本占比超过90%，涉及分包商共207家。请发行人代表说明：①说明发行人分包项目中，原合同招标方对乙方资质是否有所要求，是否存在将原要求相关资质的招标合同分包给无资质方实施的情形；②对比同行业可比上市公司，说明发行人分包比例是否明显偏高及原因；③结合报告期各分包项目分包成本，说明分包项目采用总额法而未采用净额法核算的合理性；④说明相关工程分包是否符合相关法律法规的规定；⑤说明发行人是否建立严格的分包公司资质核查制度，发行人内部管理制度及内控制度是否健全并得以有效执行。请保荐代表人说明核查方法、过程、依据，并发表明确核查意见。

（资料来源于中国证监会官方网站）

从上述案例中我们可以发现，企业在规模较小的时候，可以保持一个较好的增长，而企业做大后，业绩持续增长的压力就非常大了，因此问题百出。所以企业家千万不要认为企业做大了才能上市，而企业规模小就不能上市。上市是需要规划的，未经规划的上市是很难通过证监会发审委的审核的。企业如果想要做大做强，请一个上市规划团队是非常必要的。

第二章 误区二：企业缺钱，不能上市

"金钱不是万能的，但没钱是万万不能的。"曾几何时，人们脑海中被金钱所充斥着，似乎其他的都要给金钱让位了。大家更是看多了为金钱反目的夫妻、母子、兄弟姐妹，和大街上因怕被讹而不敢扶摔倒老人的现象。

而在证券市场，更是有很多一般人所看不到的情景：为圈钱而财务数据造假、上市路上行贿、为能让自己手上的股票得个好价钱而制造虚假信息、虚构重组、通过内幕信息进行交易等。企业上市究竟是为了什么？当然有的是为了圈钱，但我们相信更多的企业家是为了将企业做大、做强，把企业做成百年常青树。

有的企业现金流非常好，不缺少资金，所以不愿意上市，比如"老干妈"创始人就明确表示企业不缺钱，不用上市。

我们俗称的企业上市，官方说法应当是首次公开发行股票并上市，资本界以其英文单词第一个字母组合称之为IPO。公开发行股票的实质就是以发行公司股票的方式，公开向社会募集资金。按照通常理解，IPO的前提应该是企业缺少资金，需要向社会募资以发展企业。如果企业不缺少发展的资金，就没有公开募集资金的必要了，也就不可能上市。因此，不缺少资金的企业如果要为做大做强而上市，必须要有资金不足以支持企业发展而需要募集资金的事项和理由。事实上，在各个IPO企业公开的招股说明书中必备的内容之一就是企业必须说明募集资金的用途。

有的企业家常常听说企业上市时的花费包括请律所二三百万、会所二三百万、券商上千万，想想企业目前哪有这么多钱呢，于是就对上市望而却步了。其实这其中有些误区，在这里为各位企业家稍微解释一下各项中介费用：

1. 首先在律所、会所、券商进驻企业前，企业最好请一位上市顾问或一支顾问团队，这需要企业付出20万—100万不等的费用。

2. 律所、会所的费用是分期支付的，签约时只是支付一部分，后续费用是根据不同的工作进度支付的。而且，后续费用中的较大部分包括奖励费用是在发审委过会以及股票上市后支付的。

3. 券商主要有两笔费用：一笔是保荐费用，市场价一般在300万到600万元左右，其中大部分也是在发审委过会以及股票上市后支付的；另一笔是券商的承销费，该项费用比较高，一般是按募集资金总额的相应比例收取，但这笔费用是从发行股票募集的资金中提取的，不需要企业事先支付。

4. 当然，企业在IPO过程中，还需要另行支出评估费用、媒体公关费用、路演费用等，有的企业还会聘请专业机构对募集资金投向、行业分析等作专项咨询服务而支出服务费。

根据以上介绍，其实大部分费用都是在企业上市后支出的，前期企业只需支付一部分中介费用。而且，企业如果启动IPO，会有大量私募基金（PE）或风投（VC）机构前来洽谈增资扩股事宜，届时一旦PE或VC的资金进入企业，后续中介费用均可以从这些资金中支取。况且，很多地方政府为了扶持企业上市融资，往往会对企业进行补贴，尤其是对中介机构费用进行专项补贴，这也极大激发了企业的上市热情。企业如果觉得支付先期费用也有困难，可以在聘请顾问团队后，在顾问团队的指导下进行股权融资，以获取的资金支付后续其他费用，因此企业上市虽然需要支出不少中介费用，但其实经过合理规划，是完全可以分步实施的，并不会给企业资金造成多大压力。而事实上，企业一旦上市，给企业家所带来的上市红利是不可估量的。企业如果想做大、做强，上市绝对是有帮助的。

第三章　误区三：企业有钱不需要上市

虽然大家都在说，企业要想做大做强，一定要上市，否则就有可能被抢先上市的同行业竞争对手挤占市场而逐渐失去竞争能力。这话很有道理，但笔者并不是完全赞同，我们通过几个案例来看一下企业上市究竟可能会带来怎样的结果。

案例1　浙江金盾股份有限公司

以下是来源于网络各媒体的报道（部分内容）：

浙江金盾风机股份有限公司董事长周建灿于2018年1月30日17时许坠楼身亡。

金盾股份是一家专业从事地铁、隧道、核电、船用、民用与工业等领域风机、消声器、风阀等通风系统装备研发、生产和销售的国家重点扶持高新技术企业，在地铁、隧道和核电风机及通风系统领域具有较强影响力，是通风行业第二家创业板上市公司，目前市值93亿元。2017年10月，金盾股份完成对红相科技和中强科技的并购重组，切入军工领域。

金盾股份的公告显示，周建灿及其子周纯合计持有公司股份69 186 998股，占公司总股本的26.25%；累计质押公司股份69 138 998股，占其持有公司股份总数的99.93%，占公司股份总数的26.23%。大量股份质押。

再看一下金盾股份发布的公告（部分内容）：

截至目前，公司共11个银行账号仍处于冻结状态，法院向银行送达的法律文书中裁定冻结额度合计为88 483.6万元，公司实际被冻结的账号内余额总计约为3 787.26万元。如有最新进展将及时公告，敬请广大投资者注意投资风险。

一、本次新增被冻结银行额度的情况

浙江金盾风机股份有限公司在中国光大银行股份有限公司绍兴支行的账号，根据浙江省杭州市上城区人民法院做出的〔2018〕浙0102民初692号《民事裁定书》，被采取了冻结银行额度2 000.00万元的保全措施。截至目前，该银行账号累计被冻结银行额度为2000万元，实际余额为74.56元。公司在宁波银行股份有限公司绍兴分行的账号，根据浙江省杭州市上城区人民法院作出的〔2018〕浙0102民初692号《民事裁定书》，被采取了冻结银行额度2000万元的保全措施。截至目前，该银行账号累计被冻结银行额度为2000万元，实际余额为0元。公司在浙商银行股份有限公司上虞支行的账号，根据浙江省杭州市拱墅区人民法院作出的〔2018〕浙0105执保216号《执行裁定书》，被采取了冻结银行额度5000万元的保全措施。截至目前，该银行账号累计被冻结银行额度为5000万元，实际余额为95.32元。

二、前次已被冻结的银行账号的情况

公司前次已被冻结的银行账号的具体情况，详见公司2018年2月6日披露于巨潮资讯网（www.cninfo.com.cn）上的《停牌进展公告》（公告编号：2018-019）以及2018年2月7日、2月10日披露于巨潮资讯网上的《关于部分银行账号被冻结的进展公告》（公告编号：2018-020、2018-022）。截至目前，公司已收到河南省长葛市人民法院送达的〔2018〕豫1082民初805号、〔2018〕豫1082民初807号及〔2018〕豫1082民初851号关于诉讼保全的《民事裁定书》。除已收到的《民事裁定书》外，公司尚无法确定已发生的保全措施涉及的法律纠纷的数量以及具体金额，公司将依照《深圳证券交易所创业板股票上市规则》等相关规定，及时披露后续进展。

（资料来源于金盾股份2018年2月13日公告内容）

2017年10月15日,金盾股份向武汉市江夏区铁投小额贷款有限责任公司分别借款1500万元,3500万元,8000万元,共计13 000万元。同一天,周建灿与马某向杨某、胡某借款30 000万元,截至诉讼时偿还了13 000万元本金及部分利息。2018年1月8日,金盾股份向单某借款1000万元。2018年1月9日,金盾股份向单某借款2000万元,约定借款时间为15天。2018年1月12日向白某借款1000万元,约定借款时间为10天。1月29日向蔡某借款4000万,同时约定月利息为2%,即年化利息率为24%,借款期限为两个月。因董事长周建灿离世被起诉,所以上述公司银行账户资金被冻结。

(资料来源于金盾股份披露的公告内容)

身为企业家的你,看到上述数字心是否会收得紧紧的?是否能够理解一家上市公司的董事长为什么会选择用这样一种方式离开人世?

2017年10月24日,金盾股份非公开发行股份购买资产并募集配套资金,收购了红相科技100%股权、中强科技100%股权。红相科技利润承诺期为2016年、2017年、2018年及2019年,中强科技利润承诺期为2016年、2017年、2018年、2019年及2020年。

本次非公开发行股份募集配套资金的发行数量为29 529 402股(计算公式为:股份发行数量=本次募集配套资金总额÷股份发行价格),本次发行股份的具体情况如下:

表3-1 发行股份的具体情况

序号	认购对象	认购金额(元)	股份数量(股)
1	周建灿	585 101 000.00	17 538 998
2	王淼根	100 000 000.00	2 997 601
3	陈根荣	100 000 000.00	2 997 601
4	马夏康	100 000 000.00	2 997 601
5	萌顾创投	100 000 000.00	2 997 601
合计		985 101 000.00	29 529 402

假设不考虑募集资金,本次重组后上市公司主要财务数据及指标如下表所示:

表3-2 上市公司主要财务数据及指标

单位:万元

财务指标	2016年12月31日/2016年度	
	交易前	交易后
总资产	88 187.16	323 711.16
归属于母公司所有者权益	58 165 01	237 926.11
营业收入	34 384.40	62 987.09
归属于母公司所有者的净利润	4 265.49	13 425.16
资产负债率	34.04%	26.51%
基本每股收益(元/股)	0.27	0.57

本次交易后,上市公司资产规模及经营规模相关指标,如总资产、归属于母公司所有者权益、营业收入、归属于母公司所有者的净利润、每股收益均较交易前大幅提升,资产负债率有所下降,财务状况进一步优化,盈利能力显著增强。

我们看一下被收购的这两家公司的现金流量情况:

表3-3 江阴市中强科技有限公司2015至2016年度现金流量表

单位:元

项目	注释号	2016年度	2015年度
一、经营活动产生的现金流量:			
销售商品、提供劳务收到的现金		94 724 786.19	102 980 596.53
收到的税费返还			
收到其他与经营活动有关的现金	1	6 638 011.40	6 089 656.24
经营活动现金流入小计		101 362 797.59	109 070 252.77
购买商品、接受劳务支付的现金		53 435 345.84	18 920 100.21
支付给职工以及为职工支付的现金		7 689 595.34	5 164 204.77
支付的各项税费		10 394 543.84	5 970 902.22

续表

项目	注释号	2016年度	2015年度
支付其他与经营活动有关的现金	2	12 345 498.81	11 730 345.54
经营活动现金流出小计		83 864 983.83	41 785 552.74
经营活动产生的现金流量净额		17 497 813.76	67 284 700.03

中强科技2015年经营活动产生的现金净流量为67 284 700.03元,而2016年经营活动产生的现金净流量为17 497 813.76元,比2015年少了约5000万元的经营现金净流量。

下面我们再看一下红相科技的经营活动产生的现金流量情况:

表3-4 浙江红相科技股份有限公司2015至2016年度现金流量表

单位:元

项目	注释号	2016年度	2015年度
一、经营活动产生的现金流量:			
销售商品、提供劳务收到的现金	1	142 597 341.57	101 498 165.35
收到的税费返还		12 979 413.90	9 948 647.95
收到其他与经营活动有关的现金		2 340 626.44	4 053 648.80
经营活动现金流入小计		157 917 381.91	115 500 462.10
购买商品、接受劳务支付的现金	2	82 280 586.14	65 829 273.16
支付给职工以及为职工支付的现金		15 019 074.40	9 884 268.13
支付的各项税费		20 615 046.74	16 399 254.66
支付其他与经营活动有关的现金		25 669 849.82	24 621 140.20
经营活动现金流出小计		143 584 557.10	116 733 936.15
经营活动产生的现金流量净额		14 332 824.81	-1 233 474.05

红相科技2015年经营活动产生的现金净流量为-1 233 474.05元,2016年经营活动产生的现金净流量为14 332 824.81元,比2015年多了约1500万元的经营现金净流量。

将上述两家经营现金流量进行合计,则2016年比2015年还少了近3500

万元的经营活动产生的现金净流量。

从上面的数据我们可以看出，周董事长生前收购这两家公司，表面上使金盾股份合并财务报表中每股收益增加了，但实际上是给自己买了一个巨大的包袱，如果这两家公司2017年是按2015年及2016年的走势来发展的话，则资金的压力将越来越大。金盾公布的2018年三季度报表显示每股收益仅为0.22元，还不如2016年未收购前的每股收益0.27元。

2017年11月16日，金盾股份收购四川风源建设工程有限公司51%的股份，对价为支付现金3060万元。同时四川风源的股东阳洪先生用收到现金对价的15%，即459万元，购得金盾股份二级市场的股票并锁定至2020年12月31日。

表3-5 四川风源建设工程有限公司的主要财务数据

单位：元

项目	2015年12月31日	2016年12月31日	2017年12月31日
资产	9 405 265.86	16 473 001.21	28 732 129.57
负债	0.00	8 984 071.23	16 636 881.08
股东权益	9 405 265.86	7 488 929.98	12 095 248.49

项目	2015年	2016年	2017年1—8月
营业收入	0.00	11 239 070.80	44 145 503.61
营业成本	0.00	10 402 434.49	35 217 943.63
利润总额	−594 734.14	−1 861 776.34	6 141 758.01
净利润	−594 734.14	−1 916 335.88	4 606 318.51

风源的资产负债率高达57.9%，且在2017年刚实现盈利，这无疑进一步加大了金盾股份的财务风险。

金盾股份由于2017年业务的快速增长，加上收购四川风源建设工程有限公司51%股份采用现金支付，导致公司2017年三季度经营现金流量为负值（-94 106 005.56元），企业的偿债能力下降，而银行一般是锦上添花，极少雪中送炭，这时取得银行贷款的可能性就很小了，这就可以理解为什么金盾股份在2017年12月及2018年年初不断发生民间借贷危机了。事后金盾股份及周建灿的亲属也牵涉多起借贷案件诉讼，自本书完稿时该等诉讼仍在进行。

金盾股份收购红相科技和中强科技，是给自己增加了负担；周董事长本人也使用了巨额收购资金，使自己的私人资金也额外紧张。加之，收购四川风源时又用现金支付，使公司资金更加紧张。这样，当金盾股份及其控股公司资金紧张时，不得不进行民间借贷，而民间借贷的利息是非常高的，这进一步增加了周董事长的压力。

从这个案例中，我们看到企业上市是件好事，可以融来更多的资金，让企业发展得更快，但企业在发展过程中一定要慎重，不能盲目扩张。企业因为不盈利尚有可能"苟延残喘"，但表面上盈利能力较强的企业，如果现金流不足，可能快速"死亡"。企业扩张必然加大现金流的流入与流出的总额，一旦净流量出现负值，数字将是巨大的，给企业家带来的压力有时真的是常人所无法承受的。所以说上市是件好事，上市融资所获得的资金如何使用很重要，如果对资金的使用把控不好，盲目上市有时还不如不上市。希望企业家们能够冷静对待上市。

（资料来源于金盾股份披露信息）

案例2　广州鸿特精密技术股份有限公司

鸿特精密上市报告期为2007年到2009年，2010年通过证监会发审委审核后上市，公司从报告期到2017年的主要财务指标走势图如下。

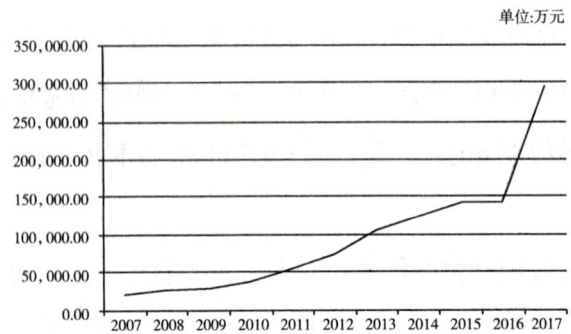

图3-1 广州鸿特精密技术股份有限公司上市报告期到2017年的营业收入走势图

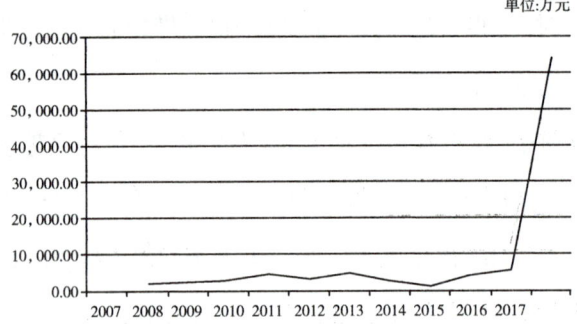

图3-2 广州鸿特精密技术股份有限公司上市报告期到2017年的营业利润走势图
（数据来源于鸿特精密的披露信息）

从上图中可以看出，公司自上市以来营业收入持续增长，公司有了迅速发展的机会；在营业收入持续增长的同时，营业利润在2013年第二季度开始下降，公司给出的主要原因是人工成本增加、出口物流费增加、设备投入、产品价格下降等综合因素。从营业利润一图中，一定程度上反映出公司整体管理水平与公司发展的不匹配，之后公司通过上市进行了规范，加强了内部控制，使公司有了较高的抗风险能力，得以持续经营。

案例3 老干妈

2017年10月12日，胡润百富榜发布，"老干妈"陶华碧的两个儿子李妙行和李贵山荣登贵州前十名，身价总和75亿元，与去年胡润百富榜排名第473位的陶华碧一致。而陶华碧在今年的榜单中却不见踪影。有媒体爆出，"老干妈"本人陶华碧女士早在2014年便悄然退出贵州南明老干妈有限公司股东行列。最新数据显示，李贵山、李妙行分别持股49%和51%，而陶华碧本人只保留董事长这一职位。

她从来不认识字，她的形象和名字却享誉全球；她只会剁辣椒，却能够被领导人"点赞"，身价75亿元，"老干妈"陶华碧究竟是如何做到的？只会剁辣椒，农村妇女如何成为"国民女神"？

1947年，陶华碧出生于贵州省湄潭县的一个偏僻山村，由于重男轻女的思想，她没有上过一天学，至今只认得"陶华碧"三个字。

在随丈夫外出打工期间，陶华碧吃不起外面卖的饭，就用自己做的辣酱拌饭吃，这也就是后来"老干妈"辣酱的雏形。

丈夫去世的早，为了自己和两个儿子的生计，陶华碧开始用篮子挑着凉粉出去叫卖。1989年，她用捡来的砖头和瓦片在贵阳龙洞堡搭建了一家"实惠饭店"，专卖凉粉，由于价低量足，深受附近学生喜爱，久而久之，大家都叫她"老干妈"。

陶华碧做麻辣酱是为了让凉粉卖得好，可是很多客人吃完了凉粉总要带点麻辣酱回家，后来还有人专门过来买她的麻辣酱。

1994年，贵阳修建环城公路，陶华碧便经常会给来吃饭的货车司机送一些辣酱和小吃，这一来，"老干妈"辣酱的名声传遍了贵阳，甚至有人专门开车来买麻辣酱。其实，陶华碧真的没想通过这种方式来宣传，她只是看司机不容易，而自己又送不起别的东西，只能送自己做的麻辣酱。

随着麻辣酱一再供不应求，陶华碧在周围人的建议下调整为以卖辣酱为主，可还是满足不了需求，甚至工商局和街道办事处都来劝说陶华碧开家工厂。于是，1996年8月，陶华碧用村委会的房子办起了辣酱加工厂，她还专程拍了张照片放在瓶子上用作标识。

因为常年辛苦工作，陶华碧的指甲全部钙化，肩周炎越来越严重，至今还要每隔一段时间去找专业医生做理疗。为了打开销路，陶华碧用篮子挎着辣椒酱挨家挨户推销，就这样，凭着过硬的产品，1997年8月，陶华碧正式成立了贵阳南明老干妈风味食品有限公司。为了签署文件，陶华碧花了3天时间练会了自己的名字，后来有人问她感受，她说："比剁辣椒难……"

虽然没有文化，但陶华碧的记忆力和心算能力都非常强，她能快速找出公司的账务是哪里出了问题，更是能说出大部分员工的名字，她无微不至的关怀使得公司员工的忠诚度非常之高。

陶华碧还搭建了一条"企业+基地+农户"的农业产业链，通过自产基地，"老干妈"成功保持了味道和品质的多年如一，产品更是销往全球，家喻户晓，网友戏称"老干妈"为"国民女神"。

身价75亿，她为何坚持不上市？

这家初始注册资本仅1000万元的公司，如今的年销售额多达数十亿元，在2014年，陶华碧曾对外宣称在过去三年间缴了18亿元的税，2016年的年度销售额更是突破了45亿元。作为家族企业，"老干妈"的股东结构也异常简单，只有陶华碧与两个儿子，如今陶华碧退出，只有两个儿子继续分管企业。

"老干妈"成立至今20余年，一直有一条铁打的原则："不贷款、不融资、不上市。"陶华碧本人曾经说过："我坚决不上市，那是骗人家的钱！"有政府人员曾经试图跟陶华碧谈上市，被陶华碧一句"你问我要钱，我没有，要命一条"直接打回来。

虽然"老干妈"的话有偏激之处，但是却一针见血地指出了目前一些国内企业寻求上市的动机。在过去的新股发行中，上市公司高价发行，老股东也通过大量转让持有的股票高额套现。此外，不断发生的欺诈上市、财务造假等问题更让上市公司的形象大大受损，所以IPO上市常被等同于"抽血""圈钱"。

好企业不上市的理由众多，主要包括：一是企业不差钱；二是企业本身足够规范，无须股民过多监督；三是企业希望按照自己的意志办企业，不想被资本一直牵着走。上述几点也比较深刻地反映出企业家对待上市的心态以及当下资本市场存在的一些问题。

反观"老干妈"，其坚持不上市最大的底气就是过硬的产品质量带来的庞大现金流。一家企业的市场地位最应依托的便是自身强有力的产品质量，"老干妈"辣酱多年来品质一直保持不变，价格也一分未涨，所以毫不费力便能占领市场，完全是被市场推着走。数年来，公司全部依靠现金流运转，不积压货品，现金流多达数十亿元。陶华碧一直坚持现款现货的原则，从不贷款，也从不会拖欠货款，因此，"老干妈"的公司账目也格外简单。

另一方面来看，"老干妈"不上市还源于陶华碧能够坚持"消费者至上"的办企理念，且没有像其他企业那样盲目扩张，从而有比较充裕的资金资源维持企业的稳定。陶华碧作为传统企业的老板，不用过多地考虑资本和融资问题，也无须担心资金周转不灵。在这样的情况下，"老干妈"不上市，也无可非议。

（资料来源于新蓝网）

对于这篇新闻，笔者作了全文摘录，希望有心的企业可以认真了解一下"老干妈"这个企业的发展历史，也了解一下创始人的经营理念，笔者非常欣赏，也理解她不让企业上市的想法。

第四章 误区三：公司花钱请的上市团队，是自己人

企业在申请首次公开发行股票前，一般需要聘请专业的团队提供咨询服务，如企业有需要，可以出具各类专业报告，比如律师团队需要通过法律尽职调查出具法律尽职调查报告，财务团队需要经过对公司财务资料的核查和审计出具财务尽职调查报告。如果企业进入IPO申报阶段，则需要律师出具律师工作报告、法律意见书和其他诸如资产鉴证意见书等的配套文件，会计师则需出具企业并表范围内报告期内的审计报告、内部控制鉴证意见以及其他相关文件。券商是总领，协调律师、会计师等负责企业的改制与辅导、申报材料准备、项目内核、反馈以及之后的路演、公关、承销等。企业在请这些团队服务时均需要支付一定的费用。于是有的老板就会有这样的想法：我花钱请的人，他们是为我做事，要听我的，他们都是自己人，我要他们怎么做他们就得怎么做，不能直接做的可以迂回来做。那么现实中是不是这样呢？下面我们简单来剖析一下。

公司在申请首次公开发行股票时，根据《中华人民共和国证券法》第52条的规定，申请股票上市交易，应当向证券交易所报送下列文件：(1)上市报告书；(2)申请股票上市的股东大会决议；(3)公司章程；(4)公司营业执照；(5)依法经会计师事务所审计的公司最近3年的财务会计报告；(6)法律意见书和上市保荐书；(7)最近一次的招股说明书；(8)证券交易所上市规则规定的其他文件。

首先我们通过几个案例来看一下如果会计师和律师等相关人员没有按

规定履行工作职责的结果。

案例1　立信会计师事务所

立信会计师事务所一直是承办上市公司申报及年审最多的事务所之一，2017年受到财政部的处罚，具体内容如下：

关于责令立信会计师事务所（特殊普通合伙）暂停
承接新的证券业务并限期整改的通知

财会便〔2017〕24号

立信会计师事务所（特殊普通合伙）：

你所因在执行审计业务过程中未能勤勉尽责，分别于2016年7月、2017年5月受到证监会的行政处罚（中国证监会行政处罚决定书〔2016〕89号、中国证监会行政处罚决定书〔2017〕55号）。为了切实维护社会公众利益和资本市场秩序，根据《中华人民共和国注册会计师法》《中华人民共和国证券法》和《财政部证监会关于会计师事务所从事证券期货相关业务有关问题的通知（2007年发布，2012年修订）》（财会〔2012〕2号），财政部、证监会决定：

一、责令你所自受到第二次行政处罚之日起（以行政处罚决定书发文日期为准，即2017年5月23日，下同）暂停承接新的证券业务。

二、自受到第二次行政处罚之日起，你所应根据向财政部、证监会提交的书面整改计划，于两个月内完成整改并提交整改报告。

三、财政部、证监会将对你所整改情况进行核查，根据核查情况做出是否允许你所恢复承接新的证券业务的决定。在整改和接受核查期间，你所首席合伙人、审计业务主管合伙人和质量控制主管合伙人不得离职、办理退伙或转所手续。

特此通知。

财政部会计司　证监会会计部

2017年6月15日

（资料来源于中国财政部官方网站）

以上处罚的起因之一，是下面这份证监会处罚决定书：

中国证监会行政处罚决定书

（立信会计师事务所、王云成、肖常和）

〔2017〕55号

当事人：立信会计师事务所（特殊普通合伙）（以下简称立信所），2000年6月成立，住所：上海市黄浦区。

王云成，男，1963年1月出生，住址：北京市东城区。

肖常和，男，1972年2月出生，住址：河北省保定市。

依据《中华人民共和国证券法》（以下简称证券法）的有关规定，我会对立信所违法违规的行为进行了立案调查、审理，并依法向当事人告知了做出行政处罚的事实、理由、依据及当事人依法享有的权利。应当事人的要求，我会举行听证，听取了其陈述、申辩。本案现已调查、审理终结。

经查，立信所为浙江步森服饰股份有限公司（以下简称步森股份）与广西康华农业股份有限公司（以下简称康华农业）重大资产重组出具康华农业2011年、2012年、2013年和2014年1月至4月（以下简称三年又一期）财务报表审计报告，在审计过程中未勤勉尽责，出具的审计报告存在虚假记载。具体事实如下：

一、立信所审计未发现康华农业三年又一期财务报表错报总体情况

中国证券监督管理委员会《行政处罚决定书》（〔2016〕21号）认定，康华农业2011年、2012年、2013年和2014年1月至4月虚构对广西万里种业有限

公司（以下简称万里种业）销售收入12 068 133元、12 008 957.8元、12 203 897元、9 579 332元；2012年、2013年虚构应收万里种业款项889 915元、776 000元；2012年、2013年虚构应收三亚金稻谷南繁种业有限公司（以下简称金稻谷）款项1 762 182元、2 007 900元。

康华农业2011年虚增银行存款163 948 934.5元，2012年虚增银行存款309 704 967.33元，2013年虚增银行存款418 598 990.8元，2014年1月至4月虚增银行存款498 034 904.17元。

二、立信所虚构核实函证对象收件地址的审计程序，未能发现康华农业销售收入、应收账款造假的事实

立信所在实施应收款项函证审计程序时，康华农业提供的万里种业、金稻谷收件地址与立信所网络查询的上述公司工商注册登记地址不一致，立信所按照康华农业提供的地址向上述公司寄发询证函，并在审计工作底稿记录"询证地址为该公司办公地址，走访时已核实，工商注册地与其不一致"。之后立信所收到上述客户确认康华农业账面应收账款余额、销售收入数额信息无误的回函。经查，立信所康华农业审计项目人员未走访过上述公司。

立信所的上述行为未遵守《中国注册会计师职业道德守则第1号——职业道德基本原则》规定的诚信、客观原则和《中国注册会计师审计准则1312号——函证》第十四条的规定，导致未能发现康华农业三年又一期虚构对万里种业销售收入12 068 133元、12 008 957.8元、12 203 897元、9 579 332元；2012年、2013年虚构应收万里种业款项889 915元、776 000元；2012年、2013年虚构应收金稻谷款项1 762 182元、2 007 900元。

三、立信所未实施恰当的审计程序，未能发现康华农业银行存款造假的事实

立信所审计函证康华农业账面主要银行账户广西桂林漓江农村合作银行榕湖支行账户2011年、2012年、2013年末和2014年4月末银行存款金额时，银行回函确认的康华农业该账户2011年末银行存款金额与康华农业账面金额相差62 777 843.86元。对该不符事项，立信所核对康华农业账面金额与康华农业提供的银行对账单金额后，对康华农业账面金额予以了确认，未实施恰当的进一步审计程序。

立信所上述行为违反了《中国注册会计师审计准则第1301号——审计证据》第十条等规定，导致未能发现康华农业2011年虚增银行存款163 948 934 5元，2012年虚增银行存款309 704 967.33元，2013年虚增银行存款418 598 990.8元，2014年1月至4月虚增银行存款498 034 904.17元。

四、其他情况

立信所审计工作底稿《与前任会计师的沟通记录》记载，2014年6月12日，立信所签字注册会计师王云成、肖常和就重大资产重组中康华农业三年又一期财务报表审计与康华农业前任致同会计师事务所（以下简称致同所）签字注册会计师邓某、李某琦，在致同所办公室进行了沟通。经核查，《与前任会计师的沟通记录》系补编，前后任注册会计师没有真正进行过沟通。立信所虚构了与康华农业前任注册会计师沟通的审计程序。立信所的上述行为违反了《中国注册会计师审计准则1153号——前任注册会计师和后任注册会计师的沟通》第七条的规定。

五、立信所出具标准无保留意见的审计报告

2014年7月7日，立信所出具"信会师报字〔2014〕第211122号"审计报告，对康华农业三年又一期财务报表发表了标准无保留意见，对康华农业三年又一期财务报表审计业务收费45万元。

以上事实，有立信所出具的康华农业三年又一期财务报表审计报告、审计工作底稿、相关人员询问笔录、相关银行流水、审计业务约定书、立信所出具的审计收费说明等证据证明,足以认定。

当事人及其代理人在听证中提出:第一,康华农业有组织地系统性财务造假是当事人审计未发现康华农业财务造假的重要原因。第二,事先告知书认定的事实不清。1.当事人实地走访了万里种业和金稻谷,未虚构核实函证对象收件地址的审计程序。2.当事人对康华农业银行存款实施了完整的函证审计程序,未发现康华农业银行存款造假是因为银行故意提供虚假信息。3.当事人未虚构与前任注册会计师沟通的审计程序。4.当事人对桂林绿苑米业有限公司和佛山穗丰园粮油有限公司实施了完整审计程序,在审计过程中始终保持着职业怀疑和警觉。5.当事人对康华农业与桂林华科生物科技有限公司之间土地转让交易予以了充分关注。6.湖南长沙马王堆农产品批发市场的访谈表金额7 495 200元被删划,系无意留下的笔痕。7.当事人只取得康华农业关联个人李某、杜某铭2013年以前的个人银行存款流水单,是基于2012年底中国证监会发出的财务大核查通知要求而额外进行的审计程序,不属于康华农业重大资产重组项目所必需的审计程序。

我会认为:第一,当事人应对财务报表整体是否存在由于舞弊或者错误导致的重大错报获取合理保证。获取合理保证的过程,即当事人勤勉尽责的过程。只有当事人在审计过程中勤勉尽责,才能减轻、免除相应的责任。在当事人未勤勉尽责的情形下,康华农业有组织地系统性财务造假,不能当然成为当事人减轻、免除处罚的理由。对当事人的此项申辩意见,我会不予采纳。

第二,关于事先告知书认定的事实情况。1.询问笔录等证据证实立信所审计项目组人员均未走访过万里种业、金稻谷。当事人称,前任注册会计师安排人员2012年实地访谈万里种业、金稻谷。当事人是2014年6月开始为康华农业提供审计服务,与前任注册会计师走访时间跨度比较大,而且前任注册会计师所做工作不能完全替代当事人所做工作。当事人未保持应有的职业谨慎,未进行实地走访。当事人获取的前任注册会计师2012年1月《康华农业销售客户反馈调查表》、2012年1月和2012年10月《广西康华农业股份有限公司客户尽职调查报告》、2012年10月《广西康华农业股份有限公司主要客户访谈表》未记录有当时走访万里种业、金稻谷的地址。当事人获取的前任注册会计师2012年1月和2012年10月《广西康华农业股份有限公司客户尽职调查报告》留存的图片,当时走访万里种业的地点与当事人向万里种业发函的地址不一致。当事人未妥善使用前任注册会计师的工作成果,未保持应有的职业谨慎,未核实前任注册会计师提供材料中万里种业、金稻谷经营地址情况。当事人既未实地走访函证对象,也未核实前任注册会计师提供材料,而是虚构核实函证对象收件地址,当事人在该事项上未勤勉尽责。对当事人的此项申辩意见,我会不予采纳。

2. 立信所审计人员将2011年年末金额填写错误的银行函证寄给银行后,银行对存在巨大错误金额的函证确认无误,对此包含重大舞弊风险的事项,当事人应保持高度警觉。当事人称亲自去银行打印银行对账单后确认康华农业银行存款金额无误,但王云成、肖常和的询问笔录称是从康华农业处取得银行对账单,项目现场负责人卢某立的询问笔录称是券商提供的,证明了当事人并未亲自去银行打印银行对账单,对于高达6200余万元的差异,未保持应有的职业谨慎和应有关注,对取得银行对账单的过程失控,未能做到勤勉尽责。对当事人的此项申辩意见,我会不予采纳。

3. 立信所审计工作底稿《与前任会计师的沟通记录》记载,2014年6月12日,王云成、肖常和与康华农业前任注册会计师邓某、李某琦在致同所办公室进行了沟通。当事人称与邓某一直就项目问题保持着沟通,并取得前任会计师事务所审计康华农业工作底稿，即是与前任会计师的沟通。当事人所称的沟通与2014年6月12日记载的与前任注册会计师的沟通，在地点、时间、人物上均不符合，不足以证明2014年6月12日当事人与前任注册会计师沟通。而卢某立的询问笔录则证明《与前任会计师的沟通记录》是补编的，间接证明了2014年6月12日当事人与前任注册会计师沟通事项的不存在。工作底稿应当是真实的工作记录，虚构与前任会计师沟通记录既违反了相关审计准则规定，也缺乏最基本的职业道德。对当事人的此项申辩意见，我会不予采纳。

4.出库单提货人签名字迹确实存在差异，但现有证据难以判断出库单的签名是否出自同一人。当事人虽未对该事项进行关注，但通过实地走访、函证等其他审计程序，确认了相关事实无误，综合判断当事人在该事项上勤勉尽责，对当事人的此项申辩意见，我会予以采纳。

5.康华农业与桂林华科生物科技有限公司之间的《土地使用权转让合同》已由律师事务所审核并出具法律意见，康华农业也取得了国土资源局颁发的《国有土地使用权证》。没有证据确认土地权证是否造假，中介机构要质疑法定权属证书真假的难度大，结合律师事务所出具的法律意见书，认定当事人已做到勤勉尽责，对当事人的此项申辩意见，我会予以采纳。

6.对访谈表中金额被删划问题，无证据证明相关数据确是造假，亦未造成危害后果。当事人已实施的其他审计程序可以证明在该事项上勤勉尽责，对当事人的此项申辩意见，我会予以采纳。

7.当事人认为对李某、杜某铭个人银行存款流水单的核查并非康华农业重大资产重组所必需的审计程序，该事实没有造成虚假记载，对当事人的此项申辩意见，我会予以采纳。

综上，立信所的上述行为，违反了证券法第一百七十三条有关"证券服务机构为证券的发行、上市、交易等证券业务活动制作、出具审计报告、资产评估报告、财务顾问报告、资信评级报告或者法律意见书等文件,应当勤勉尽责,对所依据的文件资料内容的真实性、准确性、完整性进行核查和验证"的规定,已构成证券法第二百二十三条所述"证券服务机构未勤勉尽责,所制作、出具的文件有虚假记载、误导性陈述或者重大遗漏"的行为。签字注册会计师王云成、肖常和是上述行为直接负责的主管人员。

根据当事人违法行为的事实、性质、情节与社会危害程度,依据证券法第二百二十三条的规定,我会决定:

一、没收立信所业务收入45万元,并处以45万元罚款;

二、对王云成、肖常和给予警告,并分别处以6万元罚款。

上述当事人应自收到本处罚决定书之日起15日内,将罚没款汇交中国证券监督管理委员会(开户银行:中信银行总行营业部,账号:7111010189800000162,由该行直接上缴国库),并将注有当事人名称的付款凭证复印件送中国证券监督管理委员会稽查局备案。当事人如果对本处罚决定不服,可在收到本处罚决定书之日起60日内向中国证券监督管理委员会申请行政复议,也可在收到本处罚决定书之日起6个月内直接向有管辖权的人民法院提起行政诉讼。复议和诉讼期间,上述决定不停止执行。

中国证监会

2017年5月23日

案例2 北京市天元律师事务所

中国证监会行政处罚决定书

(北京市天元律师事务所、史振凯、刘冬等四名责任人员)

〔2017〕56号

当事人:北京市天元律师事务所(以下简称天元所),系鞍山重型矿山机器股份有限公司（以下简称鞍重股份）与浙江九好办公服务集团有限公司（以下简称九好集团）重大资产重组项目的法律服务机构，住所：北京市西城区。

史振凯，男，1975年8月出生，天元所鞍重股份与九好集团重大资产重组项目的主管人员，住址：北京市西城区。

刘冬，男，1980年12月出生，《北京市天元律师事务所关于鞍山重型矿山机器股份有限公司重大资产置换及发行股份购买资产并募集配套资金暨关联交易的法律意见》（以下简称《法律意见》）签字律师，住址：北京市东城区。

于进进，女，1981年8月出生，《法律意见》签字律师，住址：北京市海淀区。

依据《中华人民共和国证券法》（以下简称证券法）的有关规定，我会对天元所提供法律服务违法违规行为进行了立案调查、审理，依法向当事人告知了做出行政处罚的事实、理由、依据及当事人依法享有的权利。当事人未提出陈述、申辩意见，也未要求听证。本案现已调查、审理终结。

经查明，当事人存在以下违法事实：

一、天元所未按规定对九好集团银行存款进行查验

九好集团分别于2015年9月22日、9月23日在兴业银行股份有限公司（以下简称兴业银行）杭州分行购买1.5亿元半年期定期存款，购买当日以该定期存款为杭州煊隼贸易有限公司1.5亿元承兑汇票提供担保。2015年12月31日，九好集团上述3亿元定期存款处于质押状态。该3亿元定期存款占九好集团2015年期末合并报表披露资产总额的32.49%，占披露所有者权益的44.33%，系九好集团的主要资产。

天元所在为鞍重股份与九好集团提供法律服务过程中，对九好集团上

述3亿元定期存款既未查验存单原件,也未向开户银行进行书面查询、函证,其行为违反了《律师事务所证券法律业务执业规则(试行)》(以下简称《执业规则》)第二十四条关于"对银行存款的查验,律师应当查验银行出具的存款证明原件;不能提供委托查验期银行存款证明的,应当会同委托人(存款人)向委托人的开户银行进行书面查询、函证"的规定,导致未能发现该3亿元定期存款处于质押状态。

二、天元所未按规定将实地调查情况作成笔录

天元所对九好集团业务关联单位杭州黑石金融服务外包有限公司(以下简称黑石金融)等11家公司的走访,未按规定制作笔录。其行为违反了《执业规则》第十五条关于"律师采用实地调查方式进行查验的,应当将实地调查情况作成笔录,由调查律师、被调查事项相关的自然人或者单位负责人签名"的规定。

三、天元所未按规定对查验计划的落实情况进行评估和总结,查验计划未完全落实或不能实现查验目的,也未说明原因或者采取其他查验措施和方法

杭州厚达自动化系统有限公司(以下简称杭州厚达)、天安财产保险股份有限公司浙江省分公司(以下简称天安保险)在九好集团平台业务中的角色既是供应商,又是客户。天元所在走访杭州厚达时,仅将其作为供应商进行现场调查;走访天安保险时,仅将其作为客户进行现场调查。

杭州煜升科技有限公司总经理江某华既是九好集团供应商杭州金川文化创意有限公司的法定代表人,又是九好集团供应商威富通科技有限公司的业务联系人,天元所走访人员在核查和访谈过程中均未发现并充分关注这一异常现象。

天元所上述行为违反了《执业规则》第九条"律师事务所及其指派的

律师应当对查验计划的落实情况进行评估和总结,查验计划未完全落实的,应当说明原因或者采取其他查验措施"和第十条"在有关查验方法不能实现验证目的时,应当对相关情况进行评判,以确定是否采取替代的查验方法"的规定。

四、天元所出具的《法律意见》存在虚假记载及重大遗漏

天元所《法律意见》的结论性意见认为:"本次交易构成借壳上市,上市公司购买的交易对方持有的九好集团100%股权对应的经营实体为有限责任公司,且符合《首次公开发行股票并上市管理办法》规定的其他发行条件,本次交易符合《上市公司重大资产重组管理办法》《首次公开发行股票并上市管理办法》和相关规范性文件规定的原则及实质性条件。"而九好集团在本次重大资产重组过程中存在严重财务造假及虚假信息披露行为,不符合《上市公司重大资产重组管理办法》《首次公开发行股票并上市管理办法》规定的发行条件,《法律意见》存在虚假记载。

天元所在《法律意见》中未说明九好集团2015年12月31日3亿元银行定期存款处于质押状态,也未按要求对此发表意见;吴某曾于2014年4月前持有黑石金融80%股权并担任法定代表人,于2014年2月起担任九好集团的副总裁,黑石金融与九好集团构成关联关系,天元所会同证券公司进行关联方核查时,未关注到上述关联关系,《法律意见》未披露黑石金融与九好集团之间2014年存在关联关系。综上,天元所《法律意见》存在重大遗漏。

经查明,天元所为鞍重股份和九好集团重大资产重组事项担任专项法律顾问,合计收费为150万元。

以上事实,有天元所出具的《法律意见》、天元所工作底稿、相关人员询问笔录、收费说明等证据证明,足以认定。

我会认为，天元所未勤勉尽责，出具的《法律意见》等文件存在虚假记载及重大遗漏，违反了《证券法》第二十条第二款、第一百七十三条有关规定，构成《证券法》第二百二十三条、第二百二十六条第三款所述情形。史振凯、刘冬、于进进是对上述行为直接负责的主管人员。

根据当事人违法行为的事实、性质、情节与社会危害程度，依据《证券法》第二百二十三条的规定，我会决定：

一、没收天元所业务收入150万元，并处以750万元罚款；

二、对史振凯、刘冬、于进进给予警告，并分别处以10万元罚款。

上述当事人应自收到本处罚决定书之日起15日内，将罚没款汇交中国证券监督管理委员会（开户银行：中信银行总行营业部，账号：7111010189800000162，由该行直接上缴国库），并将注有当事人名称的付款凭证复印件送中国证券监督管理委员会稽查局备案。当事人如果对本处罚决定不服，可在收到本处罚决定书之日起60日内向中国证券监督管理委员会申请行政复议，也可在收到本处罚决定书之日起6个月内直接向有管辖权的人民法院提起行政诉讼。复议和诉讼期间，上述决定不停止执行。

中国证监会

2017年5月31日

（资料来源于中国证监会官方网站）

案例3　中恒通（福建）机械制造有限公司

上海首例欺诈发行债券案一审宣判

2018年1月31日10时30分，上海市第一中级人民法院公开宣判被告单位中恒通（福建）机械制造有限公司（以下简称：中恒通公司）、被告人卢汉旺、卢华光、卢文煊等上海首例欺诈发行债券案。以欺诈发行债券罪对被告单位中恒通公司判处罚金人民币300万元；对被告人卢汉旺判处有期徒刑三年六个月；对被告人卢华光判处有期徒刑二年六个月；对被告人卢文煊判处有期徒刑二年，缓刑二年。

上海一中院经审理查明：2013年下半年，因被告单位中恒通公司流动资金不足，被告人卢汉旺欲发行私募债融资，经与被告人卢文煊、卢华光合谋，虚增营业收入5.13亿余元、虚增利润总额1.31亿余元、虚增资本公积6555万余元、虚构甲银行龙岩支行授信500万元、隐瞒外债2025万元，并通过某会计师事务所出具内容重大失实的审计报告。承销券商某证券公司以此为基础出具了《中恒通公司非公开发行2014年中小企业私募债券募集说明书》。经向上海证券交易所备案，中恒通公司于2014年5月至7月间，非公开发行两年期"14中恒01""14中恒02"私募债券。其后，甲银行总行、乙银行总行和车某分别认购中恒通私募债5000万元、2000万元和3000万元，共计1亿元。2016年该私募债券到期后，中恒通公司无力偿付债券本金和部分利息，造成投资人重大经济损失。

上海一中院认为，被告单位中恒通公司以重大财务数据存在虚假记载的中小企业私募债券申请文件骗取上海证券交易所获准发行中恒通私募债券，并将所募集1亿元资金用于归还公司债务等，至案发时未能支付逾期本息，后果严重，其行为已构成欺诈发行债券罪。被告人卢汉旺系被告单位中恒通公司的实际控制人，起意、策划、主导实施了中恒通公司欺诈发行债券行为；被告人卢文煊、卢华光分别系中恒通公司的法定代表人、财务总监，受卢汉旺指使直接、积极参与上述行为，故3名被告人均系中恒通公司欺诈发行债券直接负责的主管人员，其行为均构成欺诈发行债券罪。卢汉旺、卢文煊、卢华光自动投案，并如实供述主要事实，依法应当认定3名被告人均具有自首情节，并鉴于3名被告人均系中恒通公司直接负责的主管人员，故应一并认定中恒通公司亦具有自首情节。综合考虑上述情节和各名被告人的具体作用和具体地位，法院依法做出上述判决。

本案中注册会计师及券商有关当事人一审也被判刑：

（资料来源于上海第一中院公众号文章）

《发行人、中介机构合谋造假遭罚》

近期上海市第一中级人民法院对中恒通（福建）机械制造有限公司（以下简称中恒通公司）欺诈发行债券一审作出刑事处罚，对利安达会计师事务所的相关人员做出刑事判决。

上海市徐汇区人民法院对受托管理人申万证券公司（现更名为申万宏源证券）一审做出刑事判决。

需要指出的是，中恒通公司欺诈发行私募债一案中，法院不单对发行人及其高管做出了刑事判罚，还较为"罕见"地对券商和会计师事务所工作人员商业受贿及出具证明文件重大失实行为做出了刑事判罚。

2013年上半年，中恒通公司董事长卢汉某（原法定代表人）为解决公司资金困难决定发行私募债券。

知情人士透露，"卢汉某经他人介绍与申万证券公司的边某某相识，经协商后决定由申万证券承销中恒通私募债券。其间，边某某向卢汉某、卢文某、卢华某介绍了发行债券的基本要求。卢汉某则向边某某等人介绍了中恒通公司发行债券的目标规模（1亿元以上）和公司实际财务情况（尚未达到债券发行要求）。"

"卢汉某、边某某等人经商议，决定调整中恒通公司财务报表营业收入、净利润和资本公积等主要内容，以使其符合发行债券要求。"

2013年8月至10月间，中恒通公司聘请利安达公司负责中恒通公司的审计项目。审计期间，中恒通公司向利安达公司隐瞒了公司存在巨额债务等事实，还提供了虚假的账外收入材料、股东会决议等。

利安达公司根据上述材料调整了中恒通公司的营业收入、净利润和资本公积，从而出具了虚增中恒通公司营业收入5.13亿余元、利润总额1.31亿余元、资本公积6555万余元的标准无保留的1289号审计报告。

2014年1月24日，中恒通私募债项目经上海证券交易所备案获准发行。同年5月至7月，中恒通公司实际发行私募债1亿元，分别用于归还银行贷款和民间债务、支付保证金、担保费、审计费和承销费。

2014年8月，边某某利用其姐夫的账户非法收取卢文某支付的好处费共计人民币150万元。

2015年12月，中恒通公司财务状况异常，出现违约情况。

2016年9月，因不能清偿到期债务等原因，福建省武平县人民法院裁定中恒通公司破产重整。

中国证券报记者独家获悉：

上海市第一中级人民法院近期对发行人做出一审判决，中恒通公司、卢汉某、卢光某和卢文某犯欺诈发行债券罪，分别被判处罚金以及刑期不等的有期徒刑，被告单位退赔投资者投资款项；

上海市徐汇区人民法院对申万证券公司的边某某做出一审判决，边某某犯非国家工作人员受贿罪，除判处有期徒刑外，违法所得予以没收；

上海市第一中级人民法院对利安达会计师事务所的相关人员共4人做出一审判决，因犯出具证明文件重大失实罪，分别被判处刑期不等的有期徒刑，并处罚金。

目前，涉案当事人均提出上诉。

业内人士指出，证监会始终高度重视刑事打击对于震慑债券市场恶性违法犯罪行为、维护市场秩序的重要作用，一直积极推动、配合公安司法机关对各类债券违法犯罪案件的查处。

此前，厦门圣达威服饰有限公司及浙江圣奇运动器械制造有限公司因欺诈发行私募债券案，分别被贵州省高级人民法院及内蒙古自治区包头市中级人民法院作出终审裁定。

接近监管层的人士表示，法院对一系列债券欺诈发行案件做出判决，是我国债券市场法治化进程中的标志性事件。这是债券市场首批因欺诈发行被追究刑事责任的案件，将对债券市场的违法犯罪行为产生极大的震慑作用，对于维护债券市场信息披露的真实性至关重要，将有力促进债券市场的长期规范发展。

该人士强调，尤其是中恒通案中，法院不单对发行人及其高管作出了刑事判罚，还较为"罕见"地对券商和会计师事务所工作人员的商业受贿及出具证明文件重大失实行为作出了刑事判罚，这对于促进中介机构人员切实承担起证券市场"看门人"的职责具有重要意义。

（资料来源于中国证券报，ID: xhszzb，作者：徐昭）

我们来看一下相关法律的具体规定，其中《中华人民共和国证券法》第二十条规定，发行人向国务院证券监督管理机构或者国务院授权的部门报送的证券发行申请文件，必须真实、准确、完整。

为证券发行出具有关文件的证券服务机构和人员，必须严格履行法定职责，保证其所出具文件的真实性、准确性和完整性。

第一百七十三条规定，证券服务机构为证券的发行、上市、交易等证券业务活动制作、出具审计报告、资产评估报告、财务顾问报告、资信评级报告或者法律意见书等文件，应当勤勉尽责，对所依据的文件资料内容的真实性、准确性、完整性进行核查和验证。其制作、出具的文件有虚假记载、误导性陈述或者重大遗漏，给他人造成损失的，应当与发行人、上市公司承担连带赔偿责任，但是能够证明自己没有过错的除外。

第二百二十三条规定，证券服务机构未勤勉尽责，所制作、出具的文件有虚假记载、误导性陈述或者重大遗漏的，责令改正，没收业务收入，暂停或者撤销证券服务业务许可，并处以业务收入一倍以上五倍以下的罚款。对直接负责的主管人员和其他直接责任人员给予警告，撤销证券从业资格，并处以三万元以上十万元以下的罚款。

《中华人民共和国刑法》第二百二十九条规定，【提供虚假证明文件罪；出具证明文件重大失实罪】承担资产评估、验资、验证、会计、审计、法律服务等职责的中介组织的人员故意提供虚假证明文件，情节严重的，处五年以下有期徒刑或者拘役，并处罚金。前款规定的人员，索取他人财物或者非法收受他人财物，犯前款罪的，处五年以上十年以下有期徒刑，并处罚金。

第一款规定的人员，严重不负责任，出具的证明文件有重大失实，造成严重后果的，处三年以下有期徒刑或者拘役，并处或者单处罚金。

《中国注册会计师职业道德守则第1号——职业道德基本原则》第三章是对会计师的独立性的要求：

第十条 注册师执行审计和审阅业务以及其他鉴证业务时，应当从实质和形式上保持独立性，不得因任何利害关系影响其客观性。

第十一条 会计师事务所在承办审计和审阅业务以及其他鉴证业务时，应当从整体层面和具体业务层面采取措施，以保持会计师事务所和项目组的独立性。

从以上处罚案例以及相关法律，我们可以总结如下：

1.企业支付费用聘请律师、会计师，他们有职责要求，需要对企业进行相关服务，出具《法律意见书》或《审计报告》等。

2.他们的结果对谁负责呢？他们要对自己负责、对所在的机构负责，更重要的是他们要对公众负责。这就要求他们不得隐瞒企业成员告诉他们的重要信息（包括违法、违规信息），且他们还要尽可能找出来企业是否存在违法、违规的情况，因为他们的工作结果最终要对公众负责。

从上述内容大家可以清楚地看到，公司在上市过程所请的律所、会所、券商，他们最终都是要对公众负责的（您企业上市后要公开发行股票，股民所得到的信息就是经他们确认的信息），所以他们虽然是您花钱请来的，但是他们的职责和义务、法律法规要求他们的结果要诚信、公平公正、遵守职业道德、重要信息不能有所隐瞒等。

企业家在上市中所请的律师与您平时所请的法律顾问从事的不是同一类业务，您日常经营所请的法律顾问、财务顾问并没有义务向公众披露您的任何信息。举例说明一下：假设负责您上市法律服务律所的律师，您和他说您企业今年有偷税200万，那么他就不能隐瞒，即使这可能导致您承担刑事责任；而您告诉了您的法律顾问，他就没有义务公布您的这一行为，相反，未经您允许，他还有保密的义务，他的做法就是建议您第一时间将这笔税补齐。

所以正确的做法是请一位企业上市过程中的顾问或顾问团队，先将企业正规化、合法化后，再请律所、会所、券商进驻企业进行正式上市前的工作。

第五章　误区四：刚想上市就开始大肆宣传

很多企业老板，在决定要准备上市的那一刻都会兴奋不已，仿佛半只脚已经踏过了证交所的大门，这种心情是可以理解的，因为本身对于中小企业来说，当决定上市那一刻起，虽然上市之路还困难重重，但一想到上市敲钟的那一刻、想到公司即将走上资本市场、想到公司可以借助资本市场做强做大，还是让人非常兴奋的。于是决定要上市的企业家忍不住在公司里、在朋友的饭局上、在微信朋友圈向所有人发布信息了，这样做会有怎样的结果呢？从上市可能涉及的各方，我们来简单设想一下以下场景：

对于具有相近规模的其他同行业竞争对手来说，可能引发的效果：

当A企业老板到处说要上市时，B企业老板得到了这个信息，想到一旦A企业上市成功，必将抢占原本属于B企业的市场份额，威胁到B企业未来的发展，B企业老板经过几个昼夜的思考，同几个股东和顾问开会讨论，最后决定也走上市之路。B企业的上市之路是和A企业进行速度比赛的，B企业老板的目标就是要赶在A企业上市之前先上市以抢占先机，于是B企业闷声不响，憋足了劲努力发展。这时候A企业完全没有意识到来自B企业的威胁，结果可能是A还没有登上证券市场的舞台，B企业已经在舞台上高歌了。

而同样是同行的C企业，由于规模上太小，上市可能性不大，关键是C企业老板并不想将企业做得有多大。C企业老板听说A企业要上市，心里只盘算两件事：如果A企业上市，那上市前向A企业买点股份，或者将C企业卖给A企业换点股份；如果不能得到A企业的股份，那就想办法不让A企业上市。于是C企业老板就派人收集可能阻止A企业上市的证据，以备将来使用。A企业无形之中给自己培养了一个上市路上的绊脚石，一颗地雷，自己还不知道这个地雷埋在什么地方，什么时候会爆炸。

对于亲朋好友，可能出现的局面是：

原本A企业的老板就比较有钱，现在要上市了，那说明钱更多了，亲朋好友借点钱还是正常的吧，那要是有的说：你企业刚开始时我也帮过你，能不能买点原始股呀？还没有想好的A企业老板不知该如何应对了，给自己找了不必要的麻烦。

对于A企业的员工，心理就更微妙了：

国内企业上市前一般都会进行股权激励，有的只给高管持股的机会，而有的企业则会选择让更多人持股，这样员工就有机会持有公司的股份，在公司上市达到解锁期届满后卖掉股份，就可以赚取平时工资所无法赚到的利益。当A企业老板决定要上市时，企业员工的心理自然就会发生变化了，原来是一泊平静的湖水，现在水下是暗流涌动。

甲是跟随A企业老板多年的老员工，职位不高，也没有什么贡献，心里就想企业要上市，老板会不会给他股份呀？是给他还是卖给他呢？卖给他会不会要很多钱？自己没有这么多钱怎么办呢？

乙是A企业高管，但来的时间不长，心里就想，上市有没有他的份呢？他有没有资格买股票呢？

丙是A企业多年的高管，心想企业上市一定要多买股份，但老板会不会让他买很多呢？会不会送一部分呢？会不会太贵呢？

丁是新来的普通员工，心想我是新员工，职位也不高，一定没有我的股份，其他老员工将来公司上市后都能赚些钱，工作努力也是正常的，反正也没有我的份，随便做做吧。

戊更有意思了，是企业HR负责人，大家有事就向他问消息，问的人多了，他自己也在想，有我的股份我就做下去，没有我的股份我就离职，换个愿意让我持股的企业做，那样做得才起劲呀。原本工作一直很努力的戊，现在努力要加上个条件了。

员工一个个眼巴巴地看着老板，就等老板发话了，这时老板不发话还好说，一旦发话后公司可能就有员工离职，或者人心不稳了。

所以我们一般不建议企业家在决定走上市之路时就到处宣扬。保持低调行事，在必要的时候向必要的人员公布，时机成熟再向企业内部员工正式宣布。

第六章　误区五：不听专业人士的建议，喜欢自己做决定

企业家从创办企业那一刻起就精心呵护企业，遇到困难自己解决，有累自己受，有泪往肚子里咽，企业发展中遇到无数次选择都要自己最后做出决定，真的历尽艰难才将企业一点点做大。

企业创始人一般都是企业的一把手，是最终决定的拍板者，这样企业家也养成了凡事自己做决定的习惯，但企业在上市过程中所涉及的法律、财务、券商等各自的工作真的都是非常专业的工作，而这些工作对大部分企业家来说都是陌生的，这时候企业家一定要听取专业人士的建议，尤其是企业聘请的上市顾问或顾问团队的建议，否则会走太多的弯路，最终导致上市失败。我们来看一下这方面的几个案例。

案例1　江西3L医用制品集团股份有限公司

2015年5月22日，江西3L医用制品集团股份有限公司上市被否，其中问题：发行人受到举报后，自查发现有16名销售人员私刻19家客户印章用于销售订单、框架性协议、收入/应收账款询证函。发行人与19家印章不一致客户进行了沟通，截至招股说明书签署日，其中7家客户以公章形式出具了谅解函、5家客户以科室章形式出具了谅解函、7家未出具谅解函；发行人费

用报销中存在部分虚假发票，该等发票合计总金额604.82万元，发行人针对该等虚假发票已补缴税款90.72万元及滞纳金15.18万元，合计105.90万元。

（资料来源于中国证监会官方网站）

这些问题是企业改制之前就应当解决掉的问题，而不是在请律所、会所、券商均进驻企业后、甚至在申报后才暴露的问题，企业不能对此存侥幸心理，一定要听取上市顾问的意见，把问题事先解决掉。

案例2　北京新时空科技股份有限公司

2018年2月7日，北京新时空科技股份有限公司上市被否，其中被发现的问题之一是：报告期发行人存在向无劳务分包资质单位采购劳务的情形，2015年前10名劳务分包单位中，向无劳务分包资质单位的采购金额占比为50.84%。报告期发行人项目分布各地，但主要劳务分包商为北京企业。证监会发审委请发行人代表说明：（1）发行人项目分布在各地，但主要劳务分包商为北京企业的原因及合理性，是否存在实为自身员工而由劳务分包企业代为开票的情况，该等北京的劳务分包商与发行人及其关联方是否存在关联关系；（2）劳务分包是否存在行政处罚风险，该等情形是否构成发行人本次发行上市的法律障碍。

（资料来源于中国证监会官方网站）

企业采购无资质机构劳务的情形，目前在市场上是常见的。笔者就遇到过这样的企业家，为规避增值税及减少个人所得税，他们就让自己的员工成立核定征收的个体户，然后员工用个体户的名义开发票给公司，公司将本属于工资性质的款项支付给个体户。新时空科技的做法一下子就会让人联想到上述情形，可能实际情况并非如此，但这种不规范的现象发审委自然也不会放过。因此笔者在担任企业上市顾问时,会建议企业将这种不规范的情形消除掉,而不是在向证监会上报资料时还存在这种情形,自己给自己设立障碍。

案例3　浙江华达新型材料股份有限公司

2018年2月6日,浙江华达新型材料股份有限公司上市被否,其中发审委提出的部分问题:

1. 报告期内,发行人各期经营性现金流量净额变动较大,分别为4 181.96万元、15 010.49万元、–1 305.44万元、81.11万元,且与当期净利润金额不匹配。请发行人代表说明:(1)报告期各期经营性现金流量净额波动较大的原因及合理性;(2)报告期各期经营性现金流量净额与当期净利润不匹配的原因及合理性,是否与销售政策、采购政策、信用政策变化情形相匹配。请保荐代表人说明核查过程、依据,并发表明确核查意见。

2. 报告期内,发行人累计向子公司硕强贸易开具3.8亿元无真实交易背景银行承兑汇票,通过子公司硕强贸易周转贷款6.7亿元,同时发行人及其子公司硕强贸易还存在对关联方大额资金拆出的情况。请发行人代表说明:(1)上述开具无真实交易背景银行承兑汇票、周转贷款行为是否存在利益输送、违法违规、影响销售真实性及收入确认准确性的情形;(2)关联方中存在数家房地产开发企业在报告期内占用发行人资金的行为,发行人是否已采取了切实有效措施避免资金占用的再次发生;(3)发行人内控制度是否健全并得到有效执行,是否能够合理保证财务报告的可靠性、生产经营的合法合规。请保荐代表人说明核查过程、依据,并发表明确核查意见。

(资料来源于中国证监会官方网站)

我们看一下上面这两个问题。关于问题1，企业财务负责人或上市财务顾问是要为企业把关的，上市公司要求稳定性发展，现金流净额不稳定说明企业发展不稳定，这样如何能够通过上市审核所要求的企业须有持续性盈利能力呢？关于问题2，开具不存在真实交易的承兑汇票，这不仅是票据法等法律所不允许的，而且该行为背后所揭示的是公司内控制度缺失，企业不规范，这么做不是明着给自己设立上市的障碍吗？须知近年来，企业的规范性已经是IPO审核的重中之重。这些问题事实，在发生前企业家一定要征询上市顾问的意见，不能自己任性地做决定。一旦一些不规范的事实被重点关注，企业应当在券商的指导下自己主动撤回上市申报资料，暂缓上市。

上面三个案例当中所揭示的问题，在法律或财务专业人员看来，都是严重的错误，但对于企业家来说，可能觉得并没有什么，而且很常见，这是认知的不同。但是，企业上市就是由这些法律、财务等专家审核的，因此企业家在谋求上市的过程中，一定要与上市顾问团队多沟通，在专业问题上一定要听取顾问的意见，不要自己做决定，这很重要。

第七章 误区六：新三板或当地Q板挂牌就能融到资金

上市后公开发行股票进行融资，是很多企业家的梦想，但由于行业、规模、理念等众多因素导致有的企业上市太难。不能够上市，达到一定条件可以去新三板挂牌，或到当地的Q版（人们常说的四板）挂牌。新三板股转系统设立以来，到2018年3月14日为止，共有挂牌企业11 614家，其中创新层1309家。

为什么会有这么多企业到新三板挂牌呢？包括当地的一些四板。主要原因就是政府倡导及企业家对资本市场的理解误区。大多数当地政府对于企业去新三板挂牌，或者到当地的四板挂牌，都给予一定的补贴，补贴基本上可以覆盖掉挂牌的费用。于是企业家觉得反正挂牌的费用政府出，自己承担企业规范的成本，挂牌后可以融资，扩大企业的知名度，何乐而不为呢！

可现实却不是企业家所想的那样。新三板一万多家企业，活跃的只有一成多点，多数企业如同一潭死水，根本没有交易，但企业的规范成本是年年要支付的，另外还要承担信息披露的成本。去挂牌的企业家到后来发现，不是原本想要的结果。

由于对资本市场的不了解，企业家付出了成本，但并没有得到想要的结果。企业家去新三板或四板挂牌，只是入市的开始，挂牌后要有专业人士进行运作的，否则融资是有一定难度的。如果挂牌后就不管了，还不如不挂牌来得好些，当然挂牌另有不同需求的除外。

第四单元　如何成功上市

第一章　上市的方式

上市的方式不是唯一的，在这里向大家简单介绍几种，并分别介绍各种方式的一些相关要求和知识点。

一、企业自己向证监会申请上市

这是我们大家通常所说的IPO上市，也是大多数企业上市所采用的方式。这种上市方式的特点是时间长，但成本相对较低。企业在上市之前先请一位上市顾问，将企业正规化、规范化，然后律所、会所、券商等上市团队进驻，对企业进行一系列调查，出具报告，公司进行规范股改，向证监会申报资料，排队等候审核等等，这一过程正常要经过3-5年的时间，因此时间比较长。

二、借壳上市

有的企业，其行业由于受到国家当前政策的限制（比如房地产行业）或者因其行业经营特征导致财务数据存疑（比如餐饮行业），基本无法通过方式一实现上市，还有的企业已经具备上市条件，但IPO流程较长，因此不想等个三五年再上市。对于这样的企业，我们建议可以通过借壳来上市，也就是财务专业上所说的通过反向购买的方式来达到上市的目的。虽然借壳上市花费巨大，正常一个主板或中小板的壳都要好几个亿，但优点是时间短。通过反向购买的方式同样是需要通过证监会审核许可的。

对于反向购买,我们通过下图简单说明一下:甲实际控制一家A公司,A是一家上市公司;乙实际控制一家B公司,B是一家有限责任公司,现在乙想通过反向购买方式,达到B公司上市的目的。

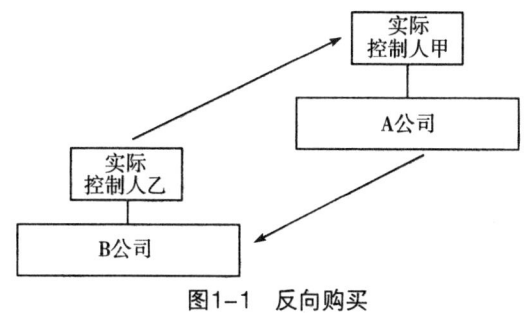

图1-1 反向购买

通常经过以下几个步骤可以实现借壳上市:

(1)对B的相关资产进行评估,在B并表范围内的资产评估价值应高于甲控制的A公司股份的市值;

(2)以B并表范围内的资产评估价值为基数和对价,A向乙定向增发股票,用以购买乙所持有的B的股权,股份发行且资产购买完成后,B成为A的控股子公司,B的主营业务和资产均在A的控制下,而乙则成为A的实际控制人;

(3)A的股票简称更名为B,B完成上市。交易双方根据事前达成的协议,以决定甲原在A开展的主营业务或主要资产是否从A剥离。

三、被兼并或收购上市

收购与兼并的不同之处就是,A企业收购B企业,B企业实体仍然存在,独立经营;A企业兼并B,B被购买后实体并入A,B企业实体不独立存在了。

被收购上市,也就是通过被上市公司收购,上市公司收购的股权比例达到被并购公司51%以上。被收购上市的企业相对自己直接上市来说,股份的溢价没有那么高,且上市公司对被收购的企业有业绩等方面的要求。如果上市公司是通过发行股份购买资产的方式收购其他企业的,则本次发行的股份是要有锁定期的。我们通过2017年金盾股份的三次收购的案例来介绍一下:

2017年10月,金盾通过发行股份购买资产的方式收购了红相科技和中强科技100%的股份,相关约定如下:

(1)中强科技的原股东承诺业绩时间为2016年—2020年,部分约定条款如下:

周伟洪承诺:"在中强科技利润承诺期(即2016—2020年度)应实现的扣除非经常性损益后归属母公司股东的净利润将不低于3 500.00万元、7 000.00万元、9 450.00万元、12 757.50万元、17 222.63万元,即:首个考核期间(即2016—2018年度)的期间累计承诺净利润数不低于19 950.00万元;第二个考核期间(即2019—2020年度)的期间累计承诺净利润数不低于29 980.13万元。"

在任一考核期间届满后,上市公司将委托具备证券资质的会计师事务所对该考核期间内中强科技期间累计实际净利润数与期间累计承诺净利润数的差异情况进行审核,并出具关于中强科技期间累计承诺净利润数实现情况的《专项审计报告》,中强科技期间净利润差额以《专项审计报告》为准。

在任一考核期间,若中强科技期间累计实际净利润数未达到期间累积承诺净利润数的,将由周伟洪以现金方式对上市公司进行补偿,期间应补偿金额=中强科技期间累计净利润差额/中强科技期间累计承诺净利润数×本次交易中中强科技100.00%股权的交易对价。

（2）2017年11月16日，金盾股份现金收购了四川同风源51%的股份，并对被收购方的部分约定：

2017年11月16日，浙江金盾风机股份有限公司（以下简称"公司"）与阳洪、张绪江、章雪峰，孙鸥鹤、胡峰伟等5人（以下简称"现金与价方"）签署《关于收购四川同风源建设工程有限责任公司51%股权之框架协议》，公司拟通过支付现金方式以人民币3060万元收购现金对价特有的四川同风源建设工程有限公司（以下简称"四川同风源"）51%的股权。股权转让完成后，公司持有四川同风源51%的股权，为其控股股东。

现金对价方根据协议的约定，在收到款项后10个交易日内使用交易对价的15%在二级市场购买公司的股票，并在协议约定的利润承诺期内（即2018、2019、2020年度）对上述股票以及上述股票所产生的送股、资本公积转增所得的股票进行锁定。

（资料来源于金盾股份对外披露信息）

以上只是摘取了部分双方约定的内容，各位企业家可以看到通过被收购上市时，双方一般都会对业绩有约定的，相当于某种形式的对赌条款。

四、在其他企业申请上市前与其联合打包一起上市

这种方式通常用于一家企业业绩可能不够申请IPO的要求，同行业几家联系起来，经过股权的转换及协议等，将几家公司打包为一个整体，这样业绩就可以满足上市的要求，以一个企业为主体申请上市的方式。这种方式一定要有专业人员的参与进行指导，因为对业绩、各项财务指标以及重组完成后的运行时间等都有相应的要求。举例说明：A企业与B企业均为同行业，单独任何一家企业的业绩均无法达到上市的要求，于是A的股东与B的股东联合，A收购B，B的股东将其持有的B的股权置换为A企业的股份，以A为主体申报上市。

五、置换拟上市公司的股权，以达到企业部分上市的目的

这种方式严格意义来讲，不是上市，只是企业家拥有了部分上市公司的股份。举例说明：A企业为拟上市公司，B企业是A企业的供应商，B企业的股东用其持有的B企业的股权与A企业的股东置换了部分A企业的股份，这样B企业的股东没有怎么花钱而拥有了部分拟上市公司的股份，B企业则成为A企业的子公司。在A企业上市成功后，B企业的股东也就成了上市公司的股东。不过此种方式会受制于必要且公允的关联交易、公司独立性等IPO审核的关键要素。

上市的方式不仅局限于以上的方式，以上仅是摘取主要的几种给大家做简要的介绍。如果您企业目前规模还无法达到上市的业绩要求，而您觉得未来几年业绩也很难达到，那么您可以找一位专业人士，讨论一下是否可能用上述第四种方式来让您的企业成功上市。

第二章 上市标准

第一节 主板及中小板上市标准

我们常说的IPO，具体来说就是公司股票首次公开发行并上市，以下上市标准只是最低标准，其中利润达到要求的不代表一定可以上市，实际真正能够在证监会审核时通过审核的企业，还是有隐性要求的。以下我们会介绍上市的各项标准。

以下所列举的发审委审核所提出问题的案例不限于主板、中小板或创业板,仅是为说明上市标准的要求而将其摘录出所对应的要求,在创业板中不再重复举例,只是将创业板要求的不同点列出来给大家。现在我们就其要求的各项标准,结合企业上市的策划工作来具体解释:

一、公司成立时间要求

(一)公司须是依法设立并持续经营3年以上的股份有限公司;

(二)有限责任公司按原账面净资产值折股整体变更为股份有限公司的,持续经营时间可以从有限责任公司成立之日起计算。

举例:

例1:ABC有限责任公司自2012年10月成立,则2012年不是一个完整的会计年度(国内的会计年度是以自然年来计算,从1月1日起至12月31日止为一个完整的会计年度),则理论上最快在2016年初申报资料,2013年、2014年、2015年作为上市申报的报告期。

上市时公司形式为ABC股份有限公司,所以ABC有限责任公司需进行股份改制,将有限责任公司改制为股份有限公司,股份有限公司的持续经营时间可以从有限责任公司成立之日起算,即从2012年10月起算。

二、注册资本与股东出资要求

要求发行人(即上市主体公司)的注册资本已足额缴纳,发起人(原始股东)或者股东用作出资的资产或财产权属转移手续已办理完毕,发行人的主要资产不存在重大权属纠纷。

举例:

例1:认缴出资与实缴出资。比如甲乙成立一家ABC有限责任公司,当初认缴的出资为1000万人民币(甲认缴800万,乙认缴200万),但实际只用现金实缴了200万元(甲实缴了100万,乙实缴了100万),那么如果甲乙想要公司上市,甲必须补足认缴的出资与实缴的出资差额部分(即补缴700万),同理乙需要补缴100万，否则公司无法上市。

例2：甲乙共同出资成立一家DF有限责任公司，其中甲用自有的房产出资，认缴800万出资，房产也交付给公司使用，但未完成房产的过户手续；乙用轿车出资，认缴200万出资，轿车也交给公司使用，也未完成轿车的过户手续。如果甲乙想要公司上市，那么甲乙须分别将房产及轿车的过户手续完成。

例3：甲乙拥有的DE公司系一家从事服装生产贸易的企业，其产品的核心商标为"F"。DE公司因为业绩突出，因此启动IPO。在向证监会申报文件后，一竞争对手自称拥有"F"的著作权，且该著作权形成日先于"F"商标的申请日，因此因商标争议将DE公司诉至法院，同时向商标管理部门申请"F"商标无效。在此情形下，DE公司只能待该商标争议有定论后才能开展IPO的后续工作，因为其主要资产存在权属争议。

三、发行人的生产经营合规：发行人的生产经营符合法律、行政法规和公司章程的规定，符合国家产业政策

举例：

例1：某公司主要从事编织生产的业务，其中生产流程之一有印染的过程，但公司未取得国家环保的审批，那么公司的生产不符合法律、行政法规的规定，是不能上市的。

例2：某公司主要从事网站业务，其中包括电子商务部分，那么公司必须要持有ICP证书，如果没有的话，在上市前必须申请完毕，否则不能够上市。

例3：某公司的主营业务属于重污染行业，是国家政策所不提倡的，即便公司业绩很好，但公司上市的可能性很小。

四、主营业务和董事、高级管理人员3年内没有发生重大变化，实际控制人没有发生变更

举例：

例1：ABC股份有限公司2012年10月成立，成立之初以彩电制造为主营业务，后来彩电市场低迷，公司从2015年1月起开始转型，变更业务为保健品生产，将原来的彩电制造生产线全部关闭，则公司最快可以在2018年一季度提交IPO申请。

例2：DE公司2015年6月份成立，甲乙为发起人，成立时甲拥有80%的股份，为实际控制人。2017年6月，甲将股份转让给了丙，退出公司，则自2017年6月起，DE公司的实际控制人为丙。由于公司的实际控制人发生了变更，则公司最快也要3年后才能提交IPO申请，最好独立运行3个会计年度后再申报，即可以在2021年的一季度申报。

例3：某公司在2012年成立时有5个董事，其中一名为董事长（董事会共5人），一名总经理，一名财务负责人，2013年引进战略投资者，增加了4名董事（董事会共9人），2015年战略投资者将股份出让退出，更换了4名董事，且在同年更换了总经理。则公司董事、高级管理人员在2015年发生了重大变更，公司如果要上市，也应在3年后提交IPO申请，最好独立运行3个会计年度后再申报，即在2019年一季度申报。

例4：钜泉光电科技（上海）股份有限公司

钜泉光电科技（上海）股份有限公司在2017年11月3日第十七届发行审核委员会2017年第24次发审委会议上未获通过，发审委提出的主要问题如下：

1. 发行人报告期内销售以经销商代理销售为主，各期经销收入占比均在96%以上，发行人与经销商的关系属于买断式销售关系。请发行人代表说明:(1)报告期前五名经销商销售占营业收入持续95%左右,主要最终客户仅为23个,上述客户是否存在关联关系,销售变化情况,详细阐明原因,分析销售的可持续性;结合可比公司销售政策进一步分析说明,采取经销商买断模式的合理性;(2)经销商买断模式对发行人收入确认真实性、准确性的影响,收入确认政策是否符合企业会计准则的相关规定;(3)报告期发行人对其参股子公司前景无忧最终销售占比不断增加,2017年上半年已成为第一大最终客户,不认定为关联方和关联交易的依据,未直接向北京前景无忧销售的原因,说明业务合理性、真实性;(4)客户昊辉电子销售收入占发行人营业收入比重稳定在50%左右,结合与昊辉电子的历史合作情况、经销代理方式、销售结算模式等,说明发行人对其是否存在单一客户重大依赖,是否对发行人持续盈利能力构成重大不利影响。请保荐代表人说明核查方法、过程、依据,并明确发表核查意见。

2.发行人报告期利润逐年下滑,综合毛利率也呈下降趋势。其中,计量芯片业务收入2017年1—6月下降较快,销售单价及毛利率持续下降,而载波芯片业务收入持续上升,销售单价持续下降。请发行人代表说明:(1)计量芯片业务收入下降而载波芯片业务收入增长的原因及其合理性;(2)结合客户、市场、售价、单位成本等方面,说明载波芯片毛利率高于计量芯片的原因以及高毛利率的可持续性;(3)结合相关政策、行业发展趋势、销售区域、产品构成、售价变化等情况,说明发行人主要产品的品种结构是否发生重大变化,是否会对持续盈利能力造成重大不利影响。请保荐代表人说明核查方法、过程、依据,明确发表核查意见。

3.招股说明书披露发行人股东众多且分散,无实际控制人。请发行人代表说明:(1)认定发行人无实际控制人的理由和依据,是否存在潜在的重大权属纠纷,发行人在无实际控制人的情况下保证公司治理的完善和内控制度的健全且得到有效执行的具体措施；（2）与关联方资金往来情况，是否存在资金体外循环及关联方承担成本费用等情形；（3）招股说明书披露发行人与第四大股东炬力集成不存在同业竞争关系，结合历史沿革、资产、人员、业务和技术情况等说明二者的关系，确认炬力集成及其相关公司与发行人是否存在同业竞争；（4）报告期内与关联方在销售、采购渠道商存在部分重叠，说明交易是否符合市场定价原则，交易价格是否公允，是否存在利益输送。请保荐代表人说明核查程序和过程，并发表明确意见。

4.保荐机构实际控制人陈金霞持有上海纳米创业投资有限公司75%股权，纳米投资系上海鸿华的普通合伙人，并担任该公司的执行事务合伙人，上海鸿华持有发行人2.31%股份。请保荐代表人明确说明保荐机构实际控制人间接持有发行人股份，是否影响保荐执业的独立性，是否符合保荐业务管理方法等规定，是否可以参照适用中国证券业协会的《证券公司直接投资业务规范》和《证券公司私募投资基金子公司管理规范》等规定，仅参照适用其中"保荐+直投"等规定是否属于从严要求，是否充分。

5.报告期内，发行人存货以委托加工物资和库存商品为主，存货余额增长较快，存货周转率持续低于可比上市公司。请发行人代表说明：（1）存货账面净值持续增长的原因，存货跌价准备的计提依据是否充分；（2）结合发行人主要生产过程均采取外协加工方式，成本占全部成本95%以上，分析说明对发行人核心竞争力的影响，对发行人生产质量控制的影响。请保荐代表人发表核查意见。

（资料来源于中国证监会官方网站）

五、股权清晰：发行人的股权清晰，控股股东和受控股股东、实际控制人支配的股东发所持发行人的股份不存在重大权属性纠纷

举例：

例1：某公司拥有甲、乙、丙三位股东，实际控制人为甲，甲因为向银行借款而向银行进行了股权的质押，甲的债权即将到期且无力偿还，股权面临被法院拍卖；丁已向法院起诉，要求变更公司股东甲为丁，理由甲为代持股东，实际出资人为丁。则公司因上述任一种情况均不能上市。

例2：上海广联环境岩土工程股份有限公司

上海广联环境岩土工程股份有限公司在2017年12月19日发行审核委员会2017年第77次发审委会议上未获通过，发审委提出的主要问题如下：

1.报告期内，发行人2016年主营业务收入较2014年和2015年下滑，2016年管理费用中咨询服务费显著低于以前年度，职工薪酬发生额较2015年度下降。同时，报告期内发行人应收账款余额较大且持续增长，2017年6月末余额占资产总额的比例达66%。报告期应收账款周转率逐年下降，各期经营活动现金流量净额显著低于净利润水平且2017年1—6月下降明显，直接与业主签订的业务合同数量持续下降，占整体合同的比例也逐年下降。请发行人代表说明未来的持续盈利能力是否存在重大不确定性。请保荐代表人说明核查方法、过程及依据并发表核查意见。

2.发行人于2015年12月将原子公司上海申帆股权转让给6名前员工，转让后发行人仍持续向上海申帆采购劳务，2016年以来上海申帆为公司前五大劳务供应商之一，且2017年1—6月为公司第一大劳务供应商。2016年9月发行人将子公司天津申佳的股权转让给前五大供应商之一的天津建勘的股东，转让后未与其发生业务往来。2014—2016年度，天津建勘一直是占发行人采购劳务比例达20%以上的主要供应商，发行人业务占天津建勘

2014—2016年度业务收入90%以上。此外,报告期内发行人多家主要供应商均于设立初期即承接发行人于当期或近期承接的相关业务。请发行人代表说明:(1)转让上海申帆及天津申佳股权的原因,是否存在除股权转让协议以外的补充协议或安排,相关信息披露是否真实、准确、完整;(2)2017年1—6月,发行人向天津建勘的采购金额及占比急剧下降,天津建勘向发行人销售占整体收入的比例也急剧下降的原因及合理性;(3)多家供应商于设立初期即承接发行人业务的原因及合理性。请保荐代表人说明核查方法、过程及依据并发表核查意见。

3. 报告期内,发行人建造合同的应收账款确认时点、金额和收入确认时点、金额一致,与同行业可比上市公司采用的方法存在差异;账龄分析法坏账准备计提比例明显低于同行业水平、影响金额较大。此外,报告期内,发行人单个项目不同期间毛利率波动较大。请发行人代表说明:(1)坏账准备的计提是否充分、谨慎、合理,是否符合公司经营的实际情况;(2)相关的会计处理是否真实、准确,是否符合企业会计准则的相关规定,相关的内部控制制度是否健全并有效执行。请保荐代表人说明核查方法、过程及依据并发表核查意见。

4. 发行人存在7项专利与其他机构共同共有,个别专利发明人系外单位员工的情形。发行人在上述共有专利研发、申请过程中未与专利共有人、共同发明人签署任何关于专利效益的权利分配协议,未约定收益权的划分。请发行人代表说明:(1)发行人未与上述专利共有人、共同发明人签署任何关于专利效益的权利分配协议,未约定收益权的划分的原因和合理性;(2)上述情形是否会影响发行人对上述专利的正常使用,是否存在纠纷或潜在纠纷。请保荐代表人说明核查方法、过程及依据并发表核查意见。

5.发行人历史上存在股权多次转让,实际出资额与工商登记不一致以及股权代持情形。请发行人代表说明:(1)股权转让和清理是否履行了完备的法律程序,是否符合股权清晰的发行条件;(2)发行人是否针对可能存在的涉及股权问题的潜在法律纠纷制定切实可行的应对措施,实际控制人有无做出相关责任承担的承诺。请保荐代表人说明核查方法、过程及依据并发表核查意见。

(资源来源于中国证监会官方网站)

六、公司的治理结构要求:组织机构健全,即依法设立健全的股东大会、董事会、监事会、独立董事、董事会秘书等制度

举例:此处要求的"健全"是指程序与形式均符合法律法规的相关要求,并按要求执行相关工作。

七、内部控制:发行人的内部控制在所有重大方面是有效的,并由注册会计师出具了无保留的内部控制鉴证报告

举例:

例1:某公司业务涉及采购、付款、销售等环节,则在每个重要的环节均要有相关制度来控制,以确保公司资金安全,减少风险。比如采购环节,要求询价人员与最后定价人员要分离,以防止舞弊的发生。在采购的流程中,到货物资要有人员验收,验收人员与采购人员要分离,目的也是为了防止舞弊的发生。

这部分工作其实大部分公司都有相关内部控制的制度,只是可能不太完善,只要在上市前完善并由注册会计师出具符合要求的鉴证报告即可。

例2:雪龙集团股份有限公司

雪龙集团股份有限公司在2017年11月21日发行审核委员会2017年第49次发审委会议上未获通过,发审委提出的主要问题如下:

1. 2014年至2016年9月，发行人存在实际控制人大额资金占用的情形。请发行人代表说明：(1)上述资金占用发生的原因及用途；(2)发行人的内部控制制度是否健全且有效执行，发行人的资金管理制度是否严格，是否能确保资金不被实际控制人及其控制的其他企业占用。请保荐代表人说明核查方法、依据，并对发行人是否符合《首次公开发行股票并上市管理办法》的相关规定发表明确核查意见。

2. 发行人报告期毛利率和净利率明显高于同行业可比上市公司水平，且总体呈现持续上升趋势，发行人的研发费用占比低于同行业可比公司。请发行人代表说明高毛利率、高净利率形成的原因及合理性，是否存在实际控制人及其关联方代为承担成本费用的情形。请保荐代表人说明核查方法、依据，并发表明确核查意见。

3. 报告期内发行人将原持有子公司捷斯特、麦迪威、雪龙风扇、长春欣菱的股权转让给发行人控股股东维尔赛控股和股东香港绿源，后又将上述股权原价购回。请发行人代表说明上述交易的原因、合理性和相关决策程序。请保荐代表人说明核查方法、依据，并发表明确核查意见。

4. 林玮宣(中国台湾居民)曾为发行人前身雪龙有限的股东，占注册资本25%，后将股权转让给香港绿源。(1)请发行人代表说明林玮宣与贺财霖、贺频艳、贺群艳的关系，林玮宣对雪龙有限的出资资金是否来源于贺财霖、贺频艳、贺群艳，是否为委托持股或信托持股，如是，雪龙有限作为外商投资企业是否合法设立并有效存续，雪龙有限所享受的税收优惠是否合法合规，是否存在补缴税款并被处罚的风险；(2)本次股权转让前雪龙有限已经实现盈利，而香港绿源支付的股权转让款来源于林玮宣的借款，请发行人代表说明本次股权转让的真实性及转让价格的合理性，香港绿源是否实际向林玮宣支付股权转让款，本次股权转让后是否存在委托持股或信托持股的情况,目前香港绿源所持发行人股权是否存在争议或纠纷。请保荐代表人说明核查方法、依据,并发表明确核查意见。

(资源来源于中国证监会官方网站)

例3:湘北威尔曼制药股份有限公司

湘北威尔曼制药股份有限公司于2017年10月24日第十七届发行审核委员会2017年第9次发审委会议上未获通过,发审委提出的主要问题如下:

1.报告期发行人存在以下问题:(1)无实际销售活动的发票开具行为;(2)实际销售收入确认与招股说明书中描述不符;(3)发货指令单上无发货人、储运部主管、出纳签字;产成品出库单上仅有制单人名字,无复核人、发货人、主管签字审核;原材料采购入库环节原始单据无编号,车间到仓库的产成品入库环节原始单据无编号;(4)报告期内现金交易金额较大,相关的资金管理制度对现金的提现标准与现金使用无明确规定等。请发行人代表进一步说明:(1)发行人在开票、产品发货和出库、原材料采购、资金管理等方面的内部控制制度及实际执行情况,如何保证相关制度的有效实施;(2)申报材料有关销售收入确认原则前后披露不一致的原因,发行人实际执行的收入确认原则是否符合企业会计准则的要求。请保荐代表人对发行人收入确认原则是否符合企业会计准则要求,以及发行人内部控制制度是否健全且被有效执行,是否符合《首发办法》规定的发行条件发表明确意见。

2.发行人主要采取经销的销售模式,报告期内发行人二级经销商的业务员因商业贿赂被判处刑罚,且2014年、2016年存在现金支付长沙原道医药科技开发有限公司和湖南熬吧文化发展有限公司,用于产品市场推广的情形。请发行人代表进一步说明:(1)发行人的主要销售模式,招商代理的经销模式具体销售流程,代理商同时为经销商的合理性;(2)发行人与经销商、代理商有关费用的分摊、销售人员的归属，经销商和代理商的权利义务是否存在差异；(3) 发行人市场推广活动的主要类型和开展情况；(4) 发行人对经销业务的内部控制制度及执行情况，是否已建立相关的风险控制体系防范商业贿赂风险。请保荐代表人说明核查依据，并发表明确核查意见。

3. 发行人主要产品为抗耐药复方抗生素制剂，其核心产品青霉素哌舒（2:1）属于青霉素复方抗生素中第二大用药，头孢噻舒属于头孢复方抗生素中第四大用药，是发行人独家品种。抗生素制剂在功能上存在一定的替代性，但不同的抗生素对于不同的适用症疗效有所差异。请发行人代表进一步说明：发行人主要产品的核心竞争力是什么，其功能和疗效是否具有独家性和排他性，是否存在功能或疗效相近或替代产品。请保荐代表人发表明确核查意见。

4. 请发行人代表结合核心产品的价格、成本、应用范围、客户、技术等情况，进一步说明报告期内存货周转率低于同行业上市公司且逐年持续下降，主要产品销售毛利率高于同行业上市公司平均水平且变动趋势不一致以及报告期期间费用率远低于同行业上市公司平均水平的主要原因及其合理性。请保荐代表人发表明确核查意见。

（资源来源于中国证监会官方网站）

八、财务报告：发行人会计基础工作规范，财务报表的编制符合企业会计准则和相关会计制度的规定，在所有重大方面公允地反映了发行人的财务状况、经营成果和现金流量，并由注册会计师出具了无保留意见的审计报告

举例：

例1：会计的审计报告分为以下几种类型：无保留意见的标准审计报

告、带有强调意见段的无保留意见的审计报告、保留意见的审计报告、无法表示意见的审计报告。上述这些都需要财务专业人士来出具，即注册会计师。对于企业来讲，在公司准备上市时，需要请专业人员将财务账务进行正规化辅导，在公司财务账务清晰后再请注册会计师进行审计工作，而不是如前面所述，一开始就做这项工作。

这里举个简单好理解的例子。假设AF公司想上市，其拥有一家全资子公司AFA，公司的利润20%来自这家子公司的收益，而这个子公司的账目不清楚，无法真正知道子公司到底有多少净利益、净资产，那么注册会计师在合并企业报表时（也就是AF公司的财务报表要将全资子公司AFA的资产也全部合并到AF公司）因为AFA公司财务不清，则导致AF公司的合并企业报表的资产无法得出真正的结果，这样注册会计师就会出具无法表示意见的审计报告，而不是标准的无保留意见的审计报告，就会导致公司无法上市。

例2：厦门新立基股份有限公司

厦门新立基股份有限公司于2017年12月6日发行审核委员会2017年第63次发审委会议上未获通过，发审委提出的主要问题如下：

1. 发行人报告期内存在通过员工个人银行卡进行货款结算的情形，合计金额约2.8亿元。请发行人代表说明：（1）该行为是否违反了公司法和商业银行法有关账户管理的规定；（2）发行人报告期会计基础工作是否规范，是否有严格的资金管理制度，是否能够保证货款结算环节相关内部控制制度健全且有效运行，是否能够有效保证财务报告的真实性、可靠性。请保荐代表人说明核查方法、过程、依据并发表核查意见。

2. 发行人报告期内存在客户委托第三方回款的情形，各期金额占比分别为16.84%、20.93%、25.16%和31.01%，占比逐年提高。请发行人代表说明：（1）报告期内客户委托第三方回款占比逐年上升的原因；（2）客户委托

第三方回款是否具有真实交易背景，是否存在资金体外循环情形，是否制定了相应的内部控制制度；（3）是否存在潜在纠纷，是否违反相关法律法规的规定。请保荐代表人说明核查方法、过程、依据并发表核查意见。

3.发行人报告期内非投标项目收入占比均超过50%，其中，应招标未履行招投标程序获取的业务收入总体呈上升趋势。请发行人代表说明：（1）非投标项目是否均不适用招投标法；（2）非投标项目的区域分布，是否与实际控制人存在关联关系；（3）在当前经济法律环境下，结合客户构成、业务类型、销售区域、产品定价，应招标未履行招投标程序获取的业务收入逐期上升的原因及合理性；（4）相关合同是否存在被认定无效的风险及对发行人业绩的影响，是否存在法律纠纷和行政处罚的风险。请保荐代表人说明核查方法、过程、依据并发表核查意见。

4.发行人报告期内资产总额、营业收入下滑且幅度较大，净利润波动较大，请发行人代表结合营业收入下滑及净利润大幅波动情况，说明营业收入发生不利变化的原因及盈利能力的持续性。请保荐代表人说明核查方法、过程、依据并发表核查意见。

5.发行人报告期内存货以库存商品和发出商品为主，请发行人代表：（1）结合期末在手订单情况、预收账款变化情况、存货周转率，说明库存商品、发出商品余额较大是否符合行业特点，是否存在跨期调节收入情形；（2）2015年度和2016年度存在存货跌价准备转销冲减当期营业成本较大的情形，结合报告期内采购价格变化、存货毁损及变质情况、库龄、期后销售实现情况等，说明报告期各期末存货跌价准备计提是否准确、充分，转销是否合理。请保荐代表人说明核查方法、过程、依据并发表核查意见。

（资料来源于中国证监会官方网站）

九、财务指标（《首发办法》第二十六条）

（一）最近三个会计年度净利润均为正数且累计超过人民币3000万元，净利润以扣除非经常性损益前后孰低者为计算依据

举例：

例1：中国的会计年度是以自然年为单位的，即从1月1日到12月31日为一个完整的会计年度。如果ABC公司想要在2018年1月申报IPO，则要求2015年、2016年、2017年三年均盈利，即净利润为正数，且加总>3000万元。其中"净利润以扣除非经常性损益前后孰低者为计算依据"是指，如果公司2017年净利润为3800万，投资产生亏损为1000万，则2017年净利润以3800-1000=2800万元（2800万<3800万）来计算；如果2016年公司净利润为3500万，投资产生利润为1000万，总的净利润为3500+1000=4500万，但由于需要扣除非经常性损益，则2016年的净利润仍然以3500万元（3500万<4500万）来计算。

需要说明的是，虽然证监会规定了上市的最低净利润要求，但在实践中，由于IPO受政策性因素影响较大，因此证监会往往会以审核口径的方式调整净利润要求。比如最近传闻，证监会口头要求各券商，企业IPO在审的，如果三年净利润合计没有一个亿的且最后一年不足5000万的，要撤回申请或者接受现场检查；IPO新申报的企业，主板要求最近一年净利润不低于8000万元，创业板不低于5000万元。而在此之前，只是要求企业最近一期净利润不低于3000万元。

(二)最近三个会计年度经营活动产生的现金流量净额累计超过人民币5000万元,或者最近三个会计年度营业收入累计超过人民币三亿元

举例:

例1:接上述举例,ABC公司2015—2017年产生的净现金流量为3500万,营业收入累计为3.5亿,则ABC公司符合上市要求;DE公司2015年到2017年净现金流量累计为6000万元,营业收入累计为2.8亿元,则DE公司也符合上市公司要求。但为增加审核通过的概率,最好两项指标均能符合。

例2:深圳时代装饰股份有限公司

深圳时代装饰股份有限公司在2018年1月17日中国证监会发审委审核会议上未获通过,发审委提出的主要问题如下:

1.报告期发行人资产负债率持续较高,应收账款金额较大且持续增长;发行人经营活动产生的现金流量净额报告期内持续为负数。请发行人代表说明发行人资产负债结构是否合理,现金流量是否正常,是否符合《首发办法》相关规定。请保荐代表人发表核查意见。

2.2014—2016年及2017年1—6月发行人与非法人单位交易金额分别为9 554.53万元、10 208.59万元、9 599.86万元和4 475.81万元,交易金额、占比、交易对象家数呈下降趋势。请发行人代表说明:(1)发生上述变化的原因、背景、对发行人的影响;(2)与非法人单位交易的比例及其变动趋势与同行业可比公司是否一致;(3)针对非法人单位采购和现金采购的内部控制措施及其有效性。请保荐代表人发表核查意见。

3.发行人报告期主要客户较为集中,前五名客户销售额总计占营业收入的比例分别为96.92%、85.89%、85.91%和74.06%。请发行人代表说明:(1)报告期内对前五大客户销售的定价依据;(2)前五大客户销售对发行人业绩和现金流量的影响,并结合往年合作情况、订单签署情况分析相关

客户流失对持续经营能力的影响;(3)发行人是否存在改善目前客户较为集中的措施和计划,如存在,请详细说明;(4)发行人将分支机构作为销售部门进行核算,分支机构相关费用全部计入销售费用,请进一步说明是否属于会计差错,是否应当追溯调整财务报表,会计基础工作是否规范。请保荐代表人发表核查意见。

4.报告期内发行人应收账款余额较高,各期分别为32 106.34万元、51 675.67万元、67 896.12万元和72 540.07万元。请发行人代表说明:(1)2017年末营业收入与应收账款增长对比情况;(2)报告期发行人应收账款增长较快、应收账款周转率逐年下滑的原因,是否存在放宽信用政策的行为,坏账准备计提是否充分;(3)应收账款保理业务开展情况,保理业务确认时点及其相关会计处理是否符合会计准则规定;(4)报告期内账龄在2年以上的质保金金额增长较快,占同期净利润的比重较高,请说明该等款项的收回是否存在重大风险,对于逾期质保金的准备计提是否充分。请保荐代表人发表核查意见。

(资料来源于中国证监会官方网站)

例3:上海龙旗科技股份有限公司

上海龙旗科技股份有限公司在2018年1月3日发行审核委员会2018年第4次发审委会议上未获通过,发审委提出的主要问题如下:

1.报告期内,发行人营业收入持续增加而净利润大幅下滑,投资收益占营业利润的比例较高,2016年和2017年1—6月,经营活动现金流持续为负且金额较大。2017年1—11月经营活动现金流仍为负。此外,报告期内,发行人前五大客户占比70%以上,客户集中度较高。请发行人代表:(1)结合所处行业地位、行业整体发展趋势及主要客户市场地位的变化情况,与同行业可比上市公司对比,说明未来经营情况是否存在重大不利变化,持续盈利能力是否存在重大不确定性;(2)2015年度主营业务收入较2014年度增长的情况下,销售费用、管理费用中的职工薪酬却下降的原因及合理性;(3)结合智能手机行业发展趋势并对比发行人上一年度同期经营情况,说明2017年度盈利预测报告的谨慎性和可实现性。请保荐代表人说明核查方法、过程,并发表明确核查意见。

2. 报告期内,小米公司成为发行人关联方后与发行人的关联交易逐年增长,其中技术服务收入中的提成和技术开发测试收入毛利率较高。请发行人代表说明:(1)前述交易的必要性,是否存在利益输送的情形,是否符合小米公司出具的"本公司及本公司控制的其他企业将尽量避免、减少与股份公司之间产生不必要的交易事项"的承诺;(2)发行人为小米公司按产品出货量提成收费是否符合行业惯例,发行人上述业务在小米公司同类业务中所占比重,发行人与小米公司约定的协议有效期限,是否可持续。请保荐代表人说明核查方法、过程,并发表明确核查意见。

3. 报告期内,发行人主要客户各期的业务收入变化较大。请发行人代表:(1)结合主要手机客户年度销量排名变化说明报告期各期业务收入变化趋势是否与其一致;(2)说明与联想集团同时存在B/S和整机散料模式的原因及合理性;(3)结合联想集团、HTC手机市场份额的变化趋势,说明B/S业务是否具有可持续性;(4)说明未将该等模式视同于实质上的委托加工按净额法反映的理由和原因,招股说明书是否充分揭示上述模式对财务报表相关科目的重大影响;(5)说明发行人与联想集团的交易金额占其同类业务的比例及变化趋势,交易价格是否公允,是否对其存在重大依赖。请保荐代表人说明核查方法、过程,并发表明确核查意见。

4. 发行人主要资产系收购自新加坡上市公司龙旗控股。请发行人代表说明:(1)先骏国际收购Mobell公司100%股权所涉及的3952万美元境外借款的具体情况及清偿安排，如涉及境内资金，请说明是否履行了境内相关审批程序；（2）Mobell公司将其持有的龙旗有限全部股权转让予昆山龙旗、昆山龙飞、昆山云睿、昆山远业、昆山永灿、昆山仁迅、昆山弘道、昆山旗壮、昆山旗志、昆山旗凌、昆山旗云的转让价格、定价依据、受让方相关资金来源及实际支付情况。请保荐代表人说明核查方法、过程，并发表明确核查意见。

5.报告期内，发行人应收账款余额较大，占营业收入和流动资产的比例较高；此外，发行人报告期内营业外支出中发生的供应商赔偿金额逐期增大。请发行人代表：（1）结合不同产品销售政策、结构、信用政策以及季节性销售情况说明应收账款较高的原因及其合理性，报告期末应收账款占收入比重大幅增长的原因；（2）结合相关协议中关于赔偿支出认定标准、定价协商机制、赔偿支出认定时点的确定等关键性条款，说明报告期内赔偿支出逐期增大的原因，赔偿支出的核算是否符合企业会计准则相关规定，报告期各期有无存在应赔偿尚未赔偿的情形，对供应商管理和相关内部控制制度的执行情况。请保荐代表人说明核查方法、过程，并发表明确核查意见。

（资料来源于中国证监会官方网站）

（三）发行前股本总额不少于人民币3000万元

举例：

例1：DE公司成立时注册资金是1000万，经过几年的经营，公司净资产为3500万，在2016年按资产转股改制为股份公司，股本为3500万元，则DE公司符合公司上市要求。注意这里的股本不是有限责任公司成立时的注册资本，而是指股份公司的股本或有限责任公司转制为股份公司时的股本。

（四）最近一期期末无形资产（扣除土地使用权、水面养殖权和采矿权等后）占净资产的比例不高于20%

举例：

例1：ABC公司2017年期末净资产为5000万，其中拥有土地无形资产为500万，产品专利、商标专利（源自向其他企业购买）为1500万，则除土地无形资产外，产品专利和商标专利占总净资产的比例为1500万/5000万=30%>20%，不符合这项的要求，不能在主板及中小板上市。在创业板上市没有这项比例要求。

例2：上海悉地工程设计顾问股份有限公司

上海悉地工程设计顾问股份有限公司在2017年12月12日发行审核委员会2017年第70次发审委会议上未获通过，发审委提出的主要问题如下：

1.发行人申报材料后，存在对报告期内财务报表进行调整的情况，2017年对报告期内的财务报表进行调整后，2016年末商誉和无形资产（扣除土地使用权）占净资产的比例由调整前的22.24%调整为19.46%。请发行人代表说明：（1）自申报以来，历次提交的财务报表之间的差异，差异形成的原因，该等调整是否符合企业会计准则的相关规定，是否履行了相关程序；（2）财务报表的上述调整是否是为了符合《首次公开发行股票并上市管理办法》的相关规定；（3）发行人的内控制度是否完善且得到有效执行。请保荐代表人说明核查过程、依据，并发表明确核查意见。

2.2014年发行人收购聚星科技和PTW，聚星科技2015年实际净利润大于预测数，PTW收购后至2016年末实际收入合计与实际净利润合计均大于预测数，发行人在申报时未对收购聚星科技和PTW形成的商誉计提减值，但后来对该等商誉全额计提减值。请发行人代表结合收购后标的资产的实际盈利情况说明：(1)发行人商誉的减值测试过程及测试结果；(2)对收购才两年的公司形成的商誉全额计提减值的合理性，发行人收购资产相关的内部控制制度是否有效。请保荐代表人说明核查过程、依据，并发表明确核查意见。

3.发行人收入和利润绝大部分来自子公司悉地深圳、悉地苏州和青岛腾远，其中悉地苏州和青岛腾远系在2013年以来收购，发行人母公司定位于集团集中管理中心，不从事具体生产经营业务。其中，发行人对悉地苏州的持股比例为51%，对青岛腾远的持股比例为55%。请发行人代表：(1)结合子公司的章程条款和董事会席位分配情况，被收购标的在收购前后股东及管理人员等的变化情况等，说明发行人母公司对子公司的治理结构和管理机制情况，对上述子公司的经营和财务管理是否不受子公司少数股东的影响，拥有绝对的控制权；(2)是否可以不受子公司少数股东的影响处置、整合子公司的业务和资产；(3)发行人在收购悉地苏州和青岛腾远的股权时，是否与出让方签订了与业绩承诺相关的合同（协议）；与股权转让相关的合同（协议）的主要内容；对该两子公司剩余股权的安排。请保荐代表人说明核查过程、依据，并发表明确核查意见。

4.发行人报告期内营业收入及净利润呈下降趋势，应收账款余额及占营业收入比例呈逐年上升趋势，信用期外应收账款金额持续增长，且应收账款周转率低于同行业可比公司。请发行人代表说明：(1)业绩持续下滑的原因；(2)外部的经营环境是否已经发生了重大变化，是否对发行人的持续盈利能力构成重大不利影响；(3)信用期外应收账款持续增长的原因及合理性，应收账款信用政策前后是否一致；(4)应收账款周转率低于同行业可比公司的原因及合理性；(5)应收账款坏账准备计提是否谨慎、充分。请保荐代表人说明核查过程、依据，并发表明确核查意见。

5. 请发行人代表说明实际控制人赵晓军就境外子公司PTW诉讼事宜出具承诺函的具体情况，并在招股说明书中补充披露。

（资料来源于中国证监会官方网站）

（五）最近一期期末不存在未弥补亏损

举例：

例1：某公司2012年累计亏损8000万元，2013年盈利2000万元，2014年盈利2500万元，2015年盈利3000万元，此时2015年仍有500万元未弥补亏损，所以不能作为申请上市发行的最后一期；2016年盈利5000万元，则到2016年期末，公司已将所有亏损弥补，且有净盈利4500万元，满足最后一期期末不存在未弥补亏损的要求。

最新证监会修改草案中修改意见：

第二十六条增加一款，作为第二款：中国证监会根据《关于开展创新企业境内发行股票或存托凭证试点的若干意见》等规定认定的试点企业，可不适用前款第（一）项、第（五）项规定。

也就是创新试点企业，可以有未弥补亏损，且可以没有净利润。

十、法定障碍（也就是出现下面的情况的，则IPO基本不能通过审核）

（一）发行人最近36个月内未经法定机关核准，擅自公开或者变相公开发行过证券；相关违法行为虽然在36个月前，但目前仍处于持续状态

举例：

例1：ABC公司在2013年擅自公开发行1000万的证券（未经批准），则36个月内不能申请上市，2017年方可申请；如果ABC的证券发行到2017年也没有全部收回，还处于持续状态，则2017年也不能申请上市。

（二）发行人最近36个月内违反工商、税收、土地、环保、海关以及其他法律、行政法规，受到行政处罚，且情节严重

举例：

例1：某公司2013年因偷税被税务局罚款300万元，属于情节严重，则36个月内不能通过上市审核。如果有轻微的罚款，比如1500元，则不属于情节严重，不影响上市的申请。需要注意，如果36个月内曾被环保部门处罚过，则公司通过IPO审核的可能性很小。

（三）发行人最近36个月内曾向中国证监会提出发行申请，但报送的发行申请文件有虚假记载、误导性陈述或重大遗漏；不符合发行条件以欺骗手段骗取发行核准；以不正当手段干扰中国证监会及其发行委员会审核工作；伪造、变造发行人或其董事、监事、高级管理人员的签字、盖章

举例：

例1：某公司于2014年报送文件申请上市时，报送的文件中有虚假记载或其他本条例举的事项，则36个月内不能再提出公开发行的申请，过了36个月后，可以再次提出公开发行的申请。

（四）本次报送的发行申请文件有虚假记载、误导性陈述或者重大遗漏

举例：

例1：a.虚假记载：比如发行人财务数据造假，将利润虚增高（虚构了一些销售收入等）；b.误导性陈述：目前对误导陈述与虚假信息之间的界定不

够清晰；c.重大遗漏：比如发行人的一个全资子公司与他方因担保业务引起诉讼，可能导致重大赔偿损失，但发行人没有披露这一信息。

凡是有以上情况发生被发现的，则不能通过证监会的发行审核。

（五）涉嫌犯罪被司法机关立案侦查，尚未有明确结论意见

举例：

例1：ABC公司被举报说2016年为取得政府的一个项目，向有关部门负责人送礼200万元，涉嫌单位行贿，目前正处于立案侦查阶段，则不能通过申请上市的审核。

（六）严重损害投资者合法权益和社会公共利益的其他情形

十一、发行人的董事、监事、高级管理人员具备任职条件，且不存在以下情形（《首发办法》第十六条）

（一）被中国证监会采取证券市场禁入措施尚在禁入期的。

（二）最近36个月内（3年内）受到中国证监会行政处罚，或者最近12个月内（1年内）受到证券交易所公开谴责。

（三）因涉嫌犯罪被司法机关立案侦查或者涉嫌违法违规被中国证监会立案调查，尚未有明确结论意见。

十二、财务资料真实完整（《首发办法》第二十九条）

发行人申报文件中不得有下列情形：

（一）故意遗漏或虚构交易、事项或者其他重要信息；

（二）滥用会计政策或者会计估计；

（三）操纵、伪造或篡改编制财务报表所依据的会计记录或者相关凭证。

举例：

例1：重庆顺博铝合金股份有限公司

重庆顺博铝合金股份有限公司在2017年12月5日发行审核委员会2017年第61次发审委会议上未获通过，发审委提出的主要问题如下：

1. 发行人2014、2015年第一大供应商重庆志德再生资源利用有限公司（以下简称重庆志德），由发行人前员工和第三方自然人于2014年共同出资设立，2017年停止了与发行人的购销交易。2016年、2017年第一大供应商变更为葛洲坝环嘉（大连）再生资源有限公司（以下简称葛洲坝环嘉），该公司为2015年6月成立，且个人股东占比45%。请发行人代表：（1）说明重庆志德、葛洲坝环嘉不属于关联方的理由，是否完整披露关联方关系、恰当披露关联交易；发行人或其关联方与重庆志德股东之间是否存在股权代持关系，发行人或其关联方是否实际控制重庆志德；（2）发行人前员工在重庆志德出资比例仅为10%，另一自然人股东持股比例为90%，说明由该前员工担任重庆志德的法定代表人、执行董事、经理的原因及合理性；（3）根据申请资料发行人的上游行业属于卖方市场，但重庆志德与发行人主要通过应付款方式结算，与其他供应商主要通过预付款方式进行结算存在差异，并且重庆志德的业务毛利率不足1%，请补充说明前述情况的原因和合理性；（4）说明重庆志德2014年设立后即与发行人开展大规模交易的原因；葛洲坝环嘉成立后立即成为发行人第一大供应商的原因及合理性；重庆志德的供应商与葛洲坝环嘉的供应商是否存在重合；葛洲坝环嘉异地供货的实物流转情况及合理性；（5）说明发行人是否存在通过重庆志德和葛洲坝环嘉增加增值税抵扣情况，上游废铝回收行业主要供应商纳税的规范性，如存在不规范情况，是否会导致发行人存在大幅增加税收成本或引发相关税收风险。请保荐代表人说明核查程序并发表核查意见。

2.发行人主要经销商顺博贸易与发行人使用相似商号,其终端客户为长安汽车。请发行人代表进一步说明:(1)发行人通过顺博贸易与长安汽车合作的原因、必要性及合理性;(2)经销定价的依据;(3)发行人是否具备与长安汽车独立开展业务的能力。请保荐代表人发表核查意见。

3.报告期内发行人净利润增幅高于收入增幅,且废铝原材料各环节的结转单价与行业变动趋势存在差异。请发行人代表说明:(1)净利润增幅高于收入增幅的原因和合理性;(2)2016年铝价回升但发行人采购均价仍有所下降,且2016年生产成本的降幅高于采购成本降幅的原因和合理性;(3)报告期内,除2015年外,废铝期末结存均价高于营业成本中废铝均价的原因及合理性;(4)三种盘点法之一测量法的采用原因和合理性,以及对于测量法盘点存货可容忍盘点误差为2%的确定依据及对财务报告的影响。请保荐代表人说明核查程序并发表核查意见。

4.发行人上游供应商是卖方市场,下游客户通过应收款大量占用发行人资金。发行人盈利能力受市场价格波动影响较大,毛利率为5%~7%,管理费用和销售费用均低于同行业公司。请发行人代表说明:(1)发行人的核心竞争力;(2)在铝价大幅变动时,发行人抵御重大经营风险的应对机制及是否具备持续盈利能力;(3)结合GB31547-2015《再生铜、铝、铅、锌工业污染物排放标准》以及新的产业政策、环保和安全保护法规、排放标准等要求,量化分析相关政策法规对发行人报告期和未来经营业绩、持续盈利能力的影响。请保荐代表人发表核查意见。

5.发行人首发申报文件与新三板挂牌期间披露的文件在关联方及关联交易、前五名客户及收入金额、前五名供应商及采购金额、研发投入及经营活动现金流量等方面存在差异。请发行人代表说明在新三板挂牌期间是否符合《企业会计准则》及相关信息披露要求;会计基础工作是否规范、内部控制是否健全有效,是否能够保证财务信息披露的真实、准确、完整。

(资料来源于中国证监会网站)

十三、发行人不得有下列影响持续盈利能力的情形(《首发办法》第三十条)

(一)发行人的经营模式、产品或服务的品种结构已经或者将发生重大变化,并对发行人的持续盈利能力构成重大不利影响

举例:

例1:欣贺股份有限公司

欣贺股份有限公司在2018年1月5日发行审核委员会2018年第5次发审委会议上未获通过,发审委主要提出的问题如下:

1.报告期内发行人营业收入和净利润持续大幅下降,门店数量持续减少,门店平效持续下滑。请发行人代表:(1)分析上述指标变化情况和原因,与同行业可比上市公司是否一致,进一步说明发行人经营模式、产品结构、经营环境是否已经发生重大变化,对发行人的持续经营盈利能力是否构成重大不利影响;(2)结合行业现状、可比上市公司数据及在手订单情况进一步说明2017年1—6月业绩止跌回升的原因及可持续性;(3)说明报告期发行人改善经营情况和措施,结合商品库龄变化情况进一步说明是否取得相关成效。请保荐代表人说明核查依据、方法和过程并明确发表核查意见。

2.发行人报告期内累计开店331家、关店509家,其中经销商实现的销售收入分别为87 183.88万元、65 403.33万元、43 994.67万元和14 791.77万元。请发行人代表说明:(1)报告期发行人店铺大幅减少且存在经销门店转为自营门店的原因和合理性,是否对公司持续盈利能力产生重大影响;(2)发行人采用买断式经销模式,给予经销商10%~20%换货政策,分析说明对经销商的销售收入确认政策是否符合会计准则的规定;(3)报告期经销商、管理商、联营商场等客户是否与发行人存在关联关系,分析主要经销商进销存情况以及大量备货合理性,最终销售是否真实,相关收入是否真实;2018年春夏两季经销商订货数量大幅增加的合理性;(4)经销商实际控制人和自营模式下管理商实际控制人存在重合的原因和商业合理性,相关会计处理是否符合会计准则的要求。请保荐代表人说明核查依据、方法和过程并明确发表核查意见。

3.发行人报告期内存货和存货跌价准备余额较大,主要为产成品,计提和转销的存货跌价准备均较大。报告期过季商品销售分别为5.21亿元、5.21亿元、5.13亿元、3.54亿元,且过季商品毛利率明显高于正常商品毛利率。请发行人代表进一步说明:(1)各期产成品销售转销跌价金额均超过或接近于当期计提的存货跌价准备原因及合理性,是否存在通过调节库存商品的库龄而调节存货跌价准备的情形,跌价准备计提政策是否过于谨慎,是否符合企业会计准则的规定;(2)过季商品处理方式、相关管理和内控制度以及执行情况,是否存在对计提存货跌价准备的商品销售时点人为控制操纵利润的情况;(3)报告期发行人将部分过季存货特价销售给泉州莱利百货有限公司,最终销售客户情况,销售是否真实。请保荐代表人说明核查依据、方法和过程并明确发表核查意见。

4.请发行人代表进一步说明:(1)发行人报告期综合毛利率高于同行业可比公司,请结合销售模式、定价政策、产品差异、人均工资水平等方面说明毛利率高于同行业可比公司的原因及其合理性,是否具有可持续性;(2)发行人主要面料供应商及外协加工供应商集中度较低,且存在变动的原因和合理性;(3)发行人前三年销售费用逐年减少,2017年1—6月其止跌回升,但销售费用率逐年提升的原因及合理性,是否存在人为调节费用的情形。请保荐代表人说明核查依据、方法和过程并明确发表核查意见。

5.报告期发行人现金较多，货币资金余额分别为11.45亿元、10.22亿元、9.17亿元，发行人派发现金股利数额较大，分别为3.2亿元、3.2亿元、1.6亿元；计划利用募集资金15.72亿元建设品牌营销网络建设项目。请发行人代表说明：(1)报告期持续进行大额现金分红的考虑，未利用公司自有资金开展募投项目建设的原因；(2)报告期发行人店铺数量大幅减少，门店平效逐期下降，整体销售数量和产销率下降，同期行业互联网营销规模大幅上升，分析发行人自营门店和经销商门店的销售贡献率，此次募投项目的必要性和可行性。请保荐代表人说明核查依据、方法和过程并明确发表核查意见。

（资料来源于中国证监会官方网站）

（二）发行人的行业地位或发行人所处行业的经营环境已经或者将发生重大变化，并对发行人的持续盈利能力构成重大不利影响

（三）发行人最近一个会计年度的营业收入或净利润对关联方或者存在重大不确定性的客户存在重大依赖

举例：

例1：广州信联智通实业股份有限公司

广州信联智通实业股份有限公司在2018年第9次中国证监会发审委审核中未获通过，发审委提出的主要问题如下：

1.报告期内，发行人存在重要客户和供应商由同一方控制的情况。请发行人代表说明：(1)报告期发行人第一大客户、第一大供应商同属华润集团，客户集中度较高的原因及合理性，主要供应商和客户同属华润集团控制是否对发行人独立性产生重大不利影响,是否影响发行人持续盈利能力;(2)华润怡宝对发行人合格供应商范围认可的具体内容及商业合理性;(3)华润怡宝与27家外部OEM工厂建立合作关系的基本情况、合作模式,华润怡宝向发行人采购占其总采购额的比例;(4)发行人与华润怡宝签署《战略合作协议书》的具体内容,是否能有力保障双方合作的长期性和稳定性;(5)报告期各期发行人与华润怡宝不同类型产品的定价模式,是否具有稳定性,是否具有自主定价能力,相关信息披露是否一致;(6)2015年5月对2014年已销售的部分空瓶加工费进行调低价格的合理性,是否符合相关协议和合同的约定,其他期间是否存在类似情况;(7)发行人第二大客户海天味业与前五大供应商海盛食品同属海天集团控制,上述销售与采购是否存在捆绑安排。请保荐代表人说明核查过程和依据,并发表明确核查意见。

2.请发行人代表说明:(1)与主要客户的生产方式、定价模式、价格差异及其原因;(2)与华润怡宝在三种方式合作下产品成本和售价是否存在差异,差异的原因。请保荐代表人说明核查过程和依据,并发表明确核查意见。

3.请发行人代表:(1)说明报告期内主要原材料PET采购价格与市场价格变动幅度差异较大的原因及合理性;(2)说明报告期各期OEM饮用水定价模式,并结合OEM饮用水的定价模式及成本构成说明毛利率持续增长的原因及可持续性,OEM饮用水毛利率高于同行业可比公司的原因及合理性;(3)结合单价、单位成本等相关因素的变化情况说明瓶、瓶胚毛利率变动的原因,其变动与同行业变动趋势不一致的原因及合理性。请保荐代表人说明核查过程和依据,并发表明确核查意见。

4.发行人募投项目之一是新增灌装水产能4.2亿支/年,报告期内发行人主要是为华润怡宝OEM纯净水。请发行人代表说明：（1）新投资项目达产后，相关产品的市场容量和市场前景，募投产能是否能够消化；（2）发行人是否与华润怡宝签署了相应的合作协议。请保荐代表人说明核查过程和依据，并发表明确核查意见。

5.报告期内，发行人员工平均工资水平与同行业上市公司差异较大。请发行人代表说明：（1）薪酬大幅低于同地区同行业公司的原因及对公司业绩的影响；（2）员工人数，特别是生产人员、技术人员总体呈下降趋势的原因及合理性；（3）报告期内的用工模式，与行业发展状况、同行业可比公司是否存在差异及原因。请保荐代表人说明核查过程和依据，并发表明确核查意见。

（以上资料来源于中国证监会官方网站）

例2：重庆广电数字传媒股份有限公司

重庆广电数字传媒股份有限公司在2017年11月29日发行审核委员会2017年第56次发审委会议上未获通过，发审委提出的主要问题如下：

1.发行人不直接拥有《信息网络传播视听节目许可证》。经重庆广播电视集团（总台）独家授权，发行人拥有重庆IPTV分平台牌照和重庆网络广播电视台牌照中有关经营性业务的运营权。报告期，发行人IPTV业务收入主要来源于基础业务，按照行业政策法规要求，基础业务主要由中央IPTV总平台提供的视听节目内容和公司采购或合作的视听节目内容等资源组成，IPTV节目内容经重庆IPTV集成播控平台审查后传输给电信运营商。发行人的直接客户为电信运营商而非IPTV终端用户，重庆电信是发行人的第一大客户，报告期内各期营业收入占比均超过50%。请发行人代表说明：（1）资产是否完整、业务是否独立、是否拥有独立的市场运营能力；（2）是否对实际控制人构成重大依赖；（3）发行人如果无法获得重庆广播电视集团的授权或独家授权,是否能够保证业务延续。请保荐代表人说明核查方法、依据,并发表明确核查意见。

2.根据重庆有线取得的《信息网络传播视听节目许可证》,重庆有线的业务类别包括电影、电视剧、娱乐等视听节目的汇集、播出服务。从终端用户看,发行人IPTV业务与其实际控制人下属的重庆有线电视业务的终端用户都是重庆区域的电视机终端用户;从提供的服务内容来看,均属于为终端用户提供视听节目服务,并基于终端用户的需求开发增值服务。请发行人代表说明:(1)重庆有线互联网视听节目服务业务的开展情况;(2)重庆有线互联网视听节目服务业务与IPTV内容集成运营业务是否存在同业竞争;(3)发行人的关联方是否已取得宽带业务资格;如果取得该资格,是否会对发行人经营产生重大影响。请保荐代表人说明核查方法、依据,并发表明确核查意见。

3.根据招股说明书,报告期内发行人广告运营业务包括传统广告和新媒体广告。请发行人代表说明:(1)如何定义和区分传统广告和新媒体广告,报告期两类广告业务的运营模式、收入及毛利率情况;(2)报告期发行人实际控制人及其控制企业(除发行人)其他广告业务的运营方、运营模式及收入等情况;(3)发行人广告业务与实际控制人及其控制企业其他广告业务的异同,是否存在潜在同业竞争。请保荐代表人说明核查方法、依据,并发表明确核查意见。

4.发行人2014年至2016年综合毛利率分别为42.02%、57.39%、61.97%。请发行人代表说明毛利率与同行业公司存在差异的原因及合理性。请保荐代表人说明核查方法、依据,并发表明确核查意见。

5.请发行人代表说明收购IPTV集成播控平台生产存储部分资产入账后具体折旧年限及残值率,对照向实际控制人以未收购的IPTV播控平台资产

7年折旧、3%残值率计算折旧支付播控费的合理性。

（资料来源于中国证监会官方网站）

（四）发行人最近一个会计年度的净利润主要来自合并财务报表范围以外的投资收益

（五）发行人在用的商标、专利、专有技术以及特许经营权等重要资产或技术的取得或者使用存在重大不利变化的风险

（六）其他可能对发行人持续盈利能力构成重大不利影响的情形

举例：

例1：浙江鸿禧能源股份有限公司

浙江鸿禧能源股份有限公司在中国证监会发行审核委员会2017年11月14日召开的审核会议上未获通过，发审委提出的主要问题如下：

1.关于关联方及关联交易。请发行人代表进一步说明：（1）上海宇辉、上海锦归报告期内的生产经营情况，是否主要为发行人服务，其设立、生产经营的原因及合理性，与发行人交易的必要性、合理性及公允性，注销的原因及为何不将其收归发行人体系；嘉兴市高正高分子材料公司在业务、设备、技术等方面与发行人是否存在相同、相似或其他关联，租用发行人厂房是否存在与发行人生产混同的情形。（2）实际控制人所控制企业大部分亏损的原因，关联方向发行人提供资金的来源，是否存在资金体外循环的情况。（3）慈溪市宏宇电器、浙江虹兴电子是否为发行人关联方，其净资产较低，自产硅片主要提供给发行人，相关交易是否真实、合理且符合商业逻辑、定价是否公允。（4）报告期内关联方及关联交易披露是否真实、准确、完整,是否存在关联方或主要供应商为发行人分摊成本、承担费用或其他利益转移的情形。请保荐代表人说明核查方式、核查过程及结论。

2.(1)发行人多晶太阳能电池片2014年度、2015年度与行业平均毛利率水平接近,2016年度及2017年1-6月毛利率低于行业平均水平。据发行人解释,2016年毛利下降系全国市场下行,公司产品价格大幅下降,请发行人代表说明产品价格下降是否与产品质量、工艺水平有关。(2)发行人在报告期内取得的政府补助较多,公司的发展在较大程度上依赖于政府扶持和补贴政策的支持。请发行人代表结合自身的经营情况和行业特点进一步说明未来的盈利能力能否持续,面对行业政策的变化采取的应对措施。(3)报告期发行人销售费用率远低于同行业上市公司。请发行人代表结合客户开发方式、销售部门设立与运行情况、运费承担方式等说明销售费用金额较低的原因及合理性。请保荐代表人说明核查依据、过程及结论。

3.(1)公司产品主要采取直销的销售模式,主要客户较为集中,存在部分客户同时是供应商的情况,销售给同是供应商的客户金额呈现逐年上升趋势。请发行人代表说明公司业务是否独立,是否存在建立在销售业务基础上的绑定采购,说明采购与销售定价是否公允,是否符合行业惯例、是否符合商业逻辑。(2)结合报告期内新增前五大客户KA TAI INTERNATIONAL GROUP LIMITED、宁波帝米电气有限公司销售情况,以及前五大客户采购数量、金额变动较大情形,请发行人代表说明前五大客户采购数量、金额大幅变动的商业合理性。请保荐代表人说明核查依据、过程及结论。

4.请发行人代表说明:(1)公司股权历次转让中多次出现1元/股转让价格的原因及合理性,是否存在股份代持或利益输送等情形;(2)2016年2月,发行人股东通过全国中小企业股份转让系统共进行5次股权转让,合计430.00万股。请说明转让方式,受让人的基本情况、资金来源,是否存在股份代持或利益输送等情形。请保荐代表人说明核查依据、过程及结论。

5.根据由工业和信息化部电子信息司指导完成的《中国光伏产业发展路线图》（2016年版），单晶硅电池市场份额将会逐步扩大，而多晶硅电池的市场份额将逐步下降。且根据其数据，单晶硅电池的平均转化效率高于多晶硅电池。发行人募资项目之一为多晶硅电池片生产。请发行人代表说明所用募投项目技术路线是否与行业发展趋势一致，是否会出现募资项目经营业绩不达预期的情形。请保荐代表人发表核查意见。

（以上资料来源于中国证监会官方网站）

十四、财务报表编制

发行人编制财务报表应以实际发生的交易或者事项为依据；在进行会计确认、计量和报告时应当保持应有的谨慎；对相同或者相似的经济业务，应选用一致的会计政策，不得随意变更。

举例：

例1：四川安宁铁钛股份有限公司

四川安宁铁钛股份有限公司在2017年12月19日发行审核委员会2017年第76次发审委会议上未获通过，发审委提出的主要问题如下：

1.报告期内，发行人两类产品的毛利率及其变化存在差异，与同行业可比公司差异较大。请发行人代表：（1）结合成本核算方法、费用分摊方法等，说明综合毛利率和分项毛利率的计算过程，计算结果是否准确，两类产品同期毛利率差异的原因及合理性；（2）按产品或业务类别，结合生产工艺、产品结构、采购模式和销售模式、单位产品成本和价格等，说明与同行业上市公司可比性较强的产品毛利率差异的原因及合理性；（3）结合同等品位铁精矿和钛精矿的市场价格，说明发行人与主要客户交易价格的公允性。请保荐代表人说明核查过程、依据，并发表明确核查意见。

2.报告期内,发行人与关联方存在采购运输服务、销售钛精矿、租赁机械设备等关联交易,且对于实际承担运输业务的个体挂靠车辆,运输单位仅承担管理服务和结算工作。请发行人代表说明:(1)关联方及关联交易披露是否全面、完整,关联交易的必要性、合理性以及价格的公允性;(2)运输费用的构成情况,实际个人运输成本是否真实,价格是否公允,是否存在通过挂靠单位或关联方分担成本、费用情形;(3)报告期各期的销售量、销售金额、运输量、运输费用等数据的匹配关系。请保荐代表人说明核查过程、依据,并发表明确核查意见。

3.请发行人代表说明:(1)2014年、2015年发行人计提维简费和安全生产费是发行人成本的重要组成部分,2015年4月以后停止计提维简费、暂缓计提安全生产费的理由、依据,是否符合企业的生产经营情况,是否存在补提风险,以及上述事项对发行人经营业绩的影响;(2)潘家田矿采矿权、弃置义务费用、开拓延伸费用的归集、摊销、减值等核算过程,相关费用资本化的依据及其合理性。请保荐代表人说明核查过程、依据,并发表明确核查意见。

4.2014年—2016年,发行人存在未完全按照合同约定用途使用银行借款及票据贴现资金,由第三方作为受托方接收贷款资金后在当日或一两日内再转回给发行人的情形,且部分没有真实交易背景。请发行人代表说明:(1)上述情形发生的主要原因,是否符合相关监管规定,是否存在潜在纠纷,是否存在被行政处罚的风险;(2)前述贷款受托支付对象报告期内业务开展情况、财务税务情况,是否与发行人存在其他业务、资金往来或代收代付费用的情况,交易是否公允,是否与发行人的供应商、客户等存在交易、资金往来等行为;(3)相关内部控制制度、流程是否健全并得到有效执行,财务基础是否规范。请保荐代表人说明核查过程、依据,并发表明确核查意见。

5.请发行人代表结合第一大客户攀钢集团目前对公司产品总需求量、公司产品占其同类产品采购总额的比例等,说明对攀钢集团交易的持续性和稳定性,替代风险及应对措施。请保荐代表人说明核查过程、依据,并发表明确核查意见。

(资料来源于中国证监会官方网站)

十五、关联交易

发行人应完整披露关联方关系并按重要性原则恰当披露关联交易。关联交易价格应公允,不存在通过关联交易操纵利润的情形。

举例:

例1:龙利得包装印刷股份有限公司

龙利得包装印刷股份有限公司在2018年1月17日发行审核委员会2018年第16次发审委会议上未获通过,发审委提出的主要问题如下:

1.报告期内,发行人存在向实际控制人及其关联方大额无息拆借资金用作临时周转的情形。请发行人代表说明:(1)拆入资金的用途,短期资金拆借的合理性、必要性;徐龙平向亲友借款再向发行人拆出资金的原因及合理性;(2)是否履行相应关联交易审议程序,利率确定是否公允,是否存在利益输送的情形;(3)是否存在对关联方的资金依赖,是否存在较高的流动性风险,内控制度是否有效执行,是否具备独立经营能力。请保荐代表人说明核查的方法、过程,并发表明确核查意见。

2.报告期内,发行人纸箱收入、毛利占比逐年上升,纸箱销售量与销售收入增速较高,发行人前五大客户集中度较高。请发行人代表:(1)说明向前五大客户销售产品的毛利率差异较大且跨年波动较大的原因,主要客户与发行人及关联方之间是否存在关联关系；（2）说明报告期内收入增长是否与固定资产的增加相匹配；（3）说明报告期内发行人生产人员数量变动的原因及合理性，与经营业绩是否匹配；单位生产人员营业收入高于同行业可比上市公司的原因及合理性；（4）与同行业可比上市公司提价情况比较，说明发行人、实际控制人及其关联方是否与主要客户存在私下协议对提价进行补偿等安排措施；（5）结合产品价格、原材料价格、原材料存货等因素的变动，对比同行业可比上市公司数据，说明2017年上半年营业收入下滑、毛利率上升及净利润增长的原因及合理性；（6）说明发行人存货周转率低、毛利高的合理性。请保荐代表人说明核查的方法、过程，并发表明确核查意见。

3.报告期内，上海昱畅为发行人第一大供应商，采购金额占比30%以上。请发行人代表说明：（1）上海昱畅是否与发行人存在关联关系，是否存在为发行人分摊成本、承担费用或利益输送的情形；（2）发行人向其他供应商采购情况对比、上海昱畅向其他第三方客户供货情况。请保荐代表人说明核查的方法、过程，并发表明确核查意见。

4.2017年2月，无锡浚源将其于2016年下半年认购的140万股按照成本价3.3元/股转让给了吴献忠。请发行人代表说明：（1）无锡浚源向吴献忠转让股份的原因及合理性，无锡浚源的股东或出资人是否与吴献忠存在关联关系；该转让是否损害了无锡浚源股东的利益，是否存在股权纠纷或潜在的纠纷；（2）作为对吴献忠的股权激励，未由发行人、控股股东授予股份是否具有合理性，是否存在发行人及其控股股东与无锡浚源及其关联方的其他利益安排，股份支付公允价值的确定是否合理。请保荐代表人说明核查的方法、过程，并发表明确核查意见。

5. 报告期内，发行人瓦楞纸箱产能利用率分别为88.28%、99.81%、100.79%、78.09%，瓦楞纸板产能利用率分别为50.97%、54.40%、64.94%、47.50%。请发行人代表结合纸箱行业整体产能与需求、现有产能、在建产能、拟募投产能等情况，说明新建产能是否能够有效消化。请保荐代表人说明核查的方法、过程，并发表明确核查意见。

（资料来源于中国证监会官网）

十六、依法纳税（《首发办法》第二十七条）

发行人依法纳税，各项税收优惠符合相关法律法规的规定。发行人的经营成果对税收优惠不存在严重依赖。

举例：

例1：浙江鸿禧能源股份有限公司

浙江鸿禧能源股份有限公司在2017年11月14日发行审核委员会2017年第44次发审委会议上未获通过，发审委提出的主要问题之一：

发行人在报告期内取得的政府补助较多，公司的发展在较大程度上依赖于政府扶持和补贴政策的支持。请发行人代表结合自身的经营情况和行业特点进一步说明未来的盈利能力能否持续，面对行业政策的变化采取的应对措施。

（资料来源于中国证监会官方网站）

十七、不存在偿债风险（《首发办法》第二十八条）

发行人不存在重大偿债风险，不存在影响持续经营的担保、诉讼以及仲裁等重大或有关事项。

第二节 创业板上市条件

以下内容摘自《首次公开发行股票并在创业板上市管理办法》，由于前面已对主板及中小板的上市要求逐条做了解析，大家对各条款基本可以理解，所以创业板的上市条款直接做了摘录，并以后面对创业板与主板、中小板上市要求不同之处进行解析。

《首次公开发行股票并在创业板上市管理办法》第二章发行条件：

第十一条 发行人申请首次公开发行股票应当符合下列条件：

（一）发行人是依法设立且持续经营三年以上的股份有限公司。

有限责任公司按原账面净资产值折股整体变更为股份有限公司的，持续经营时间可以从有限责任公司成立之日起计算。

（二）最近两年连续盈利，最近两年净利润累计不少于一千万元；或者最近一年盈利，最近一年营业收入不少于五千万元。净利润以扣除非经常性损益前后孰低者为计算依据。

（三）最近一期末净资产不少于两千万元，且不存在未弥补亏损。

（四）发行后股本总额不少于三千万元。

第十二条 发行人的注册资本已足额缴纳，发起人或者股东用作出资的资产的财产权转移手续已办理完毕。发行人的主要资产不存在重大权属纠纷。

第十三条 发行人应当主要经营一种业务，其生产经营活动符合法律、行政法规和公司章程的规定，符合国家产业政策及环境保护政策。

第十四条 发行人最近两年内主营业务和董事、高级管理人员均没有发生重大变化,实际控制人没有发生变更。

第十五条 发行人的股权清晰,控股股东和受控股股东、实际控制人支配的股东所持发行人的股份不存在重大权属纠纷。

第十六条 发行人具有完善的公司治理结构,依法建立健全股东大会、董事会、监事会以及独立董事、董事会秘书、审计委员会制度,相关机构和人员能够依法履行职责。

发行人应当建立健全股东投票计票制度,建立发行人与股东之间的多元化纠纷解决机制,切实保障投资者依法行使收益权、知情权、参与权、监督权、求偿权等股东权利。

第十七条 发行人会计基础工作规范,财务报表的编制和披露符合企业会计准则和相关信息披露规则的规定,在所有重大方面公允地反映了发行人的财务状况、经营成果和现金流量,并由注册会计师出具无保留意见的审计报告。

第十八条 发行人内部控制制度健全且被有效执行,能够合理保证公司运行效率、合法合规和财务报告的可靠性,并由注册会计师出具无保留结论的内部控制鉴证报告。

第十九条 发行人的董事、监事和高级管理人员应当忠实、勤勉,具备法律、行政法规和规章规定的资格,且不存在下列情形:

(一)被中国证监会采取证券市场禁入措施尚在禁入期的;

(二)最近三年内受到中国证监会行政处罚,或者最近一年内受到证券交易所公开谴责的;

(三)因涉嫌犯罪被司法机关立案侦查或者涉嫌违法违规被中国证监会立案调查,尚未有明确结论意见的。

第二十条 发行人及其控股股东、实际控制人最近三年内不存在损害投资者合法权益和社会公共利益的重大违法行为。

发行人及其控股股东、实际控制人最近三年内不存在未经法定机关核准,擅自公开或者变相公开发行证券,或者有关违法行为虽然发生在三年前,但目前仍处于持续状态的情形。

第三节 创业板上市要求与主板、中小板的不同点

1.生产经营合规方面

创业板要求发行人应当主要经营一种业务。

举例:某公司的业务有互联网平台服务、保健品销售两项业务,两项业务收入及盈利状况相差不多,且两项业务无关联性,则公司不能在创业板上市,如果想在创业板上市,公司须剥离其中的保健品销售业务,仅以互联网平台服务业务为主上市。

2.主营业务及董事及高管人员的稳定

主板与中小板要求至少3年稳定,而创业板要求至少2年稳定。

3.财务指标

(1)股本:主板及中小板要求发行前股本不低于3000万元,而创业板要求发行后股本不低于3000万元。

(2)盈利要求:主板及中小板要求最近三个会计年度年底净利润均为正数且累计超过人民币3000万元,净利润以扣除非经常性损益前后较低者为计算依据。而创业板要求两年连续盈利,且净利润累计不小于1000万元;或者最近一年盈利,最近一年营业收入不小于5000万元,净利润以扣除非经常性损益前后较低者为计算依据。

（3）现金流量净额：主板及中小板要求最近三个会计年度经营活动产生的现金流量净额累计超过人民币5000万元；或者最近三个会计年度年底营业收入累计超过人民币3亿元。创业板无此项要求，只是在利润要求方面提出如果不能满足连续两年盈利，则要求1年盈利并满足最近一年5000万的营业收入要求。

（4）无形资产：主板及中小板要求发行人最近一期无形资产（扣除土地使用权、水面养殖权和采矿权等后）占净资产的比例不高于20%。创业板对无形资产的比例没有特殊要求。

4.其他方面还有些细微的区别，但不是主要的方面，这里将不再赘述。

第四节　中国证监会发审委员会审核时关注的要点分析

2017年9月30日，证监会公布新一届发审委名单，本届发审委在新任证监会主席刘士余的带领下，体现了IPO审核过程中的谨慎性和严苛性，本届发审委会议的议事规则也发生了变化，在这里，仅针对发审委在企业IPO过会时对发行人所提出的问题总结其关注的要点，具体如下：

一、财务报表真实性、准确性；财务报表编制是否符合会计准则

1.成本费用：是否有故意隐藏成本的现象，比如：员工工资较同行业偏低；原材料价格上涨但单位产品成本却下降；关联方是否为成本买单（关联方亏损，发行人成本降低）；是否有实际控制人为降低成本而变相向发行人输送利润（比如由实际控制人向供应商提供借款、代发工资等）。

2.毛利率：毛利率是否高于同行业平均水平；毛利率历年的变动是否

与同行业平均水平保持一致走向；是否出现销售单价下降（低于同行业平均水平）但毛利率却高于同行业平均水平（可能隐藏成本）。

3.营业收入、利润的准确性：是否为提高营业收入及利润而虚增收入（表现为期末应收账款余额较高，与同期相比比例明显增加）；提前确认收入（是否有不符合收入确认的，但提前确认了收入，比如工程收入提前确认现象）；为提高利润，本应计提减值准备的而未计提、应收账款应计提坏账准备而未计提坏账准备；应分摊的成本未正常分摊（故意延长分摊期或跨期分摊）；停止计提维简费、暂缓计提安全生产费等。

4.营业收入的真实性：代理销售占比高，是否为真实销售；境外销售，出口销售与出口退税之间不匹配；单一客户销售占比大，无法确认销售的真实性等。

5.无形资产：扣除土地使用权、采矿权等后的无形资产占发行人净资产的比例是否符合主板及中小板的首发要求；是否人为调整了无形资产的净值。

二、持续盈利能力

1.是否存在外部依赖：关联方依赖、第一大客户重大依赖、供应商重大依赖。

2.产品及行业：产品结构是否发生重大变化、行业是否处于下滑阶段；结合相关政策、行业发展趋势、销售区域、产品构成、售价变化等情况，说明主要产品的品种结构是否发生重大变化，是否会对持续盈利能力造成重大不利影响。

3.利润的变化趋势：利润是否增长明显变缓，是否逐年下降；经营活动现金流量净额是否开始明显减少（可能虚增利润）。

4.技术及专利有效性及竞争力、无形资产：研发投入明显减少，高新资格是否延续,产品技术的先进性(决定市场竞争力);专利权是否在有效期内,商标是否按期续期。

5.企业偿债能力:是否存在资产负债率较高,资金紧张,经营活动现金流量净额为负;流动负债高于流动资产;净利润逐年减少等。

三、关联方及关联方交易

1.实际控制人:是否利用关联交易向发行人公司输送利润;前几大客户是否为关联方;实际控制人是否变相补贴发行人的供应商来降低发行人的采购成本,降低产品的单位成本进而提高产品的利润率。

2.披露信息是否完整:关联方及关联交易是否完整披露;披露的关系方信息是否与之前的保持一致。

四、股权清晰

1.实际控制人认定:实际控制人是否认定正确;是否是真正的实际控制人;是否有其他一致行动人;是否不存在实际控制人。

2.股权:是否存在股权代持;股权购买的资金来源是否清晰;股权转让定价是否合理;现一期股权转让价格差异过大的原因。

五、内部控制有效性

1.内部控制有效性:财务报表数据正确性、会计政策一致性的控制;财务资金使用控制的有效性(包括是否有实际控制人占用发行人资金);仓库产品采购、生产、销售流程各环节是否有效控制(采购检验、入库、生产中各环节的控制、出货的质量及数量的控制等);销售订单的签订与收款的控制;客户信用的控制等。

2.内部控制是否存在重大缺陷:内部控制是否健全;是否有事件的发生证明内部控制有缺失的部分。

六、生产经营合法合规

1.生产、经营资质：是否有相关生产经营资质，特殊行业是否取得相关行业的许可证，比如电信业务是否取得ICP许可证。

2.生产经营过程合法合规：环保是否符合要求；是否受到多次或严重的行政处罚；是否有违反法律法规的情形。

七、募集投资的项目

1.所投项目的可行性：是否符合市场发展趋势，不能属于夕阳行业、很快将被替代的产品、技术已经落后的产品、市场竞争非常激烈（市场已接近饱和）、产品收益率已处于下滑的趋势；所投产品替代目前产品的合理性及必要性。

2.原则上应当用于主营业务，且应当符合国家产业政策、环境保护等法律法规的要求。

3.所投的项目不能产生同业竞争或对发行人的生产经营的独立性产生不利影响。

八、独立性

1.资产完整性方面：生产型企业具备与生产经营有关的主要生产系统、辅助生产系统和配套设施，合法拥有与生产经营相关的主要土地、厂房、机器设备以及商标、专利、非专利技术的所有权或者使用权，也就是说商标、专利的相关权限不能过期，厂房的产权、土地的使用权不能存在争议；具有独立的原料采购和产品销售系统；非生产型企业具备与经营有关的业务体系及主要相关资产。

2.人员独立方面：发行人的总经理、副总经理、财务负责人、董事会秘书等高级管理人员不在控股股东、实际控制人及其控制的其他企业中担任除董事、监事以外的其他职务，不在控股股东、实际控制人及其控制的其他企业领薪；发行人的财务人员不在控股股东、实际控制人及其控制的其他企业中兼职。

3.财务独立：发行人是否能够独立做出财务决策，还是受控股股东或实际控制人的影响；是否有独立的财务核算体系，还是与控股股东或实际控制人的其他公司出现混同现象；是否有规范的财务管理制度；是否与控股股东或实际控制人所控制的其他企业有银行账户混用的现象。

4.业务独立：发行人的业务是否独立于控股股东、实际控制人及其控制的其他企业，与控股股东或实际控制人及其控制的其他企业间是否存在同业竞争的问题或存在显失公平的关联交易；发行人的业务是否严重依赖于控投股东或实际控制人及其所控制的其他企业。

5.机构独立：发行人是否有健全的内部经营管理机构、是否独立行使经营管理职权：即是否董事会决策受到控股股东或实际控制人的影响、总经理的日常经营是否听命于控股股东或实际控制人；是否与控投股东、实际控制人所控制的其他企业存在机构混同的现象：即是否共用一个部门，比如财务部等。

九、资金占用

1.是否存在控股股东、实际控制人、股东及其所控制或关联的企业向发行人借款现象；

2.是否存在控股股东、实际控制人、股东的亲属或亲属所控制或关联的企业向发行人借款；

3.是否存在发行人为控股股东、实际控制人、股东所控制的企业代垫费用、代发工资等；

4.是否存在发行人为控股股东、实际控制人、股东及其所控制的企业提供担保；

5. 是否存在控股股东、实际控制人、股东及其所控制的企业代收发行人的货款而形成占用的情形。

第五节 香港上市条件简要介绍

香港资本市场有主板和创业板之分。创业板市场主要面对规模较小，但是具有较高增长潜力的公司，对上市企业的要求较为宽松。主板市场面对规模大、较为成熟的企业，对上市企业的要求较为严格。

一、香港主板市场

说明：香港的上市条件正在修改，根据2017年12月15日发布的《咨询意见》内容，2018年将会允许未盈利或无收益的生物科技公司、同股不同权的新兴及创新产业到香港上市，最新消息：新规已于2018年4月30日正式实施，具体内容见下一节。

1.财务要求

（1）过去三个财政年度至少有5000万港元盈利（最近一年盈利至少2000万，以及前两年累计盈利至少3000万港元），同时上市时市值至少达到五亿港元；

（2）上市时市值至少达到40亿港元且最近一个经审计财政年度的收入至少为5亿港元；

（3）上市时市值至少达20亿港元，最近一个经审计财政年度的收入至少5亿港元，且前三个财政年度来自营运业务的现金流入合计至少一亿港元。

2.会计准则为《香港财务汇报准则》或《国际财务汇报准则》，经营银行业务的公司必须同时遵守香港金融管理局发出的《本地注册认可机构披露财务资料》。

3. 营业记录及管理层

在至少前三个财政年度管理层大致维持不变；在至少最近一个经审计财政年度拥有权和控制权大致维持不变。

4. 最低市值

新申请人上市时证券与其市值至少为五亿港元（原来要求为两亿港元）。

5. 公众持股的市值

新申请人与其证券上市时由公众人士持有的股份的市值至少为1.25亿港元。

6. 公众持股量

需占发行人已发行股本至少25%。

7. 股东分布

持有有关证券的公众股东须至少为300人，持股量最高的三名公众股东实际持有的股数占证券上市时公众持股量不得逾50%。

二、香港创业板市场

1. 财务要求

创业板申请人须具备不少于2个财政年度的营业记录，包括：①日常经营业务有现金流入，于上市文件刊发之前两个财政年度合计至少达3000万港元；②上市时市值至少达1.5亿港元。

2. 会计准则为《香港财务汇报准则》或《国际财务汇报准则》，经营银行业务的公司必须同时遵守香港金融管理局发出的《本地注册认可机构披露财务资料》

3.营业记录及管理层

新申请人必须具备2个财政年度的营业记录：①管理层在最近2个财政年度维持不变；②最近一个完整的财政年度内拥有权和控制权维持不变。

4.最低市值

新申请人上市时证券与其市值至少为1.5亿港元。

5.公众持股的市值

新申请人与其证券上市时有公众人士持有的股份市值须至少为3 750万港元。

6.公众持股量

需占发行人已发行股本至少25%。

7.股东分布

持有有关证券的公众股东须至少为100人，持股量最高的三名公众股东实际持有的股数占证券上市时公众持股量不得逾50%。

第六节 美国纽交所注册公司挂牌要求简要介绍

一、对美国国内注册公司挂牌的要求

（一）财务标准

标准一：

1.最近3个财政年度的税前调整经营收入的总量不少于1000万美元；如果是创新发展型公司且只公布了两年财政年度的报表，则只需要2年的财政年度；

2.最近二个财政年度的利润最少不低于200万美元;

3.前三个财政年度利润必须是正数;

4.如果最后一年亏损,则要求最近三个财政年度的税前总收入为1200万美元,第1年不少于200万美元,第2年不少于500万美元。

标准二:全球市场总市场两亿美金以上。

(二)股票发布和上市规模的标准

1.公众持有的流通股票不少于110万股;

2.至少400个持100股的美国股东;

3.首次公开上市发行的股票市值不少于4000万美元,其他形式的上市交易的股票市值不少于一亿美元。

(三)股票价格标准

拟上市公司在上市交易时必须达到每股4美元的价格。

二、对非美国公司上市的要求

(一)财务指标

标准一:

1.最近三个财政年度的调整后税前利润总额不少于一亿美元;

2.最近二个财政年度的最低税前利润不少于2500万美元。

标准二:

1.最近三年现金流净额总量不少于一亿美元;

2.最近三年的现金流净额每年必须是正数,且不少于2500万美元;

3.最近一期的营业收入不少于一亿美元;

4.全球市值不少于5亿美元。

（二）股票发行标准

1.持100股的股东，全球不少于5000人；

2.公众持有的股票数量不少于250万股；

3.其他方式发行则要求公众持有股的全球市值不少于一亿美元（如果母公司或关联公司是一家良好记录的上市公司，则只需要满足全球市值不少于5亿美元、12个月以上经营历史、公众持股市值达6000万美元）。

（三）股票的价格标准

上市时股票最低价格为不少于四美元。

第七节　美国纳斯达克挂牌要求介绍

纳斯达克挂牌要求分为：资本市场挂牌要求、全球市场挂牌要求、全球精选市场挂牌要求，在这里向大家介绍全球市场挂牌要求。

标准一：

1.股东权益不少于1500万美元；

2.最近一个财政年度或者最近3年中的两年中的税前收入不少于100万美元；

3.公众持股的数量不少于110万；

4.公众持股的市值不少于800万美元；

5.每股最低买入价为4美元；

6. 持100股以上的股东不少于400人；

7. 至少有三个做市商。

标准二：

1. 股东权益不少于3000万美元；

2. 公众持股的数量不少于110万；

3. 公众持股的市值不少于1800万美元；

4. 每股最低买入价为四美元；

5. 持100股以上的股东不少于400人；

6. 至少有3个做市商；

7. 营运历史不少于二年。

标准三：

1. 公司市值总值不少于7500万美元；

2. 公众持股的数量不少于110万；

3. 公众持股的市值不少于2000万美元；

4. 每股最低买入价为四美元；

5. 持100股以上的股东不少于400人；

6. 至少有四个做市商。

标准四：

（1）资产总额不少于7500万美元，或最近一个财政年底或最近三个财政年度中的两个财政年度营业收入不少于7500万美元；

其他同标准三的第（2）至（6）项。

第八节　有关股份公司同股不同权的问题

我国内地的证券市场，无论是主板、中小板还是创业板，均要求同股同权，这对于阿里巴巴来说，在内地登陆证券市场则变得不可能了，于是阿里巴巴到香港谋求上市，但最终的谈判也止于香港证券市场的同股不同权的要求，最后不得不选择到美国上市。

为什么美国会允许同股不同权的公司上市呢？这是基于这样一个理念：当一个创始人创立公司以后，随着公司的发展，不断地需要向市场上融资，融资的结果是不断地稀释创始人的股份。对于这些在资本市场上投资的人来说，他们不是公司运营的专家，对公司的情怀与热情也是与创始人无法相提并论的，他们大多谋求的是投资回报率，不是公司的长久发展。如果公司在发展过程中由于资本不断进入导致创始人失去控制权后，对公司未来的发展是不利的，也不利于公司长期稳定的发展，因此让创始人保持对公司的控制权很重要，因此允许同股不同权的存在。

2017年11月1日，阿里巴巴集团旗下的蚂蚁金服在香港召开全球化发布会，蚂蚁金服的上市计划备受大家关注。

阿里巴巴集团董事局主席马云表示，香港必须改革上市规则，才会考虑将蚂蚁金服在香港上市。阿里巴巴集团董事会副主席蔡崇信于11月3日在香港出席一场峰会时也表示，不会对香港同股同权的上市规定提出具体建议，但认为香港应该尝试接受新鲜事物，并把监管较严的上市制度改成以披露为主，也就是上市公司在招股书中披露公司股权所属的管理架构，然后由投资者主导决定此结构是否对治理公司有效。

（以上资料来源于东方财富网）

错失阿里巴巴上市的香港，在2018年4月24日正式推出同股不同权的上市改革，并于4月30日正式生效。

拥抱新经济，香港上市制度迎来新时代

2018年4月24日

香港交易及结算所有限公司（香港交易所）全资附属公司香港联合交易所有限公司（联交所）今天（星期二）宣布，为拓宽香港上市制度而新订的《上市规则》条文将于2018年4月30日生效，有意按新制度申请上市的新兴及创新产业公司可于该日起提交正式申请。

联交所在新上市规则建议的咨询总结中指出，各项建议均得到市场广泛支持，新上市规则将大致按建议所述落实，并在若干细节上作出轻微修订以反映回应人士的意见。

香港交易所集团行政总裁李小加说："经过四年的不懈努力，香港交易所终于在今天推出了新的上市制度，迎来了香港资本市场激动人心的新时代。"

他接着说："我们非常感谢市场各界对上市改革的广泛参与，感谢你们的宝贵意见和支持，在大家的共同努力下，我们的市场更加与时并进、更具竞争力，这一重大改革将让香港成为孕育创新公司的摇篮。"

作为上市改革的一部分，联交所在《主板上市规则》（《上市规则》）新增三个章节并对现行《上市规则》条文作相应修订，以(i)容许未能通过主板财务资格测试的生物科技公司上市；(ii)容许拥有不同投票权架构的公司上市；及(iii)为寻求在香港作第二上市的大中华及国际公司设立新的第二上市渠道。

联交所认同尚未有收益的公司及拥有不同投票权架构的公司均有潜在风险，因此提出加设适当的措施保障投资者，包括厘定申请人是否适合上市的详尽准则、提高市值要求，以及加强披露规定。对于尚未有收益的生物科技发行人，联交所会采取措施并且简化除牌程序，限制公司对其主营业务做出根本性变动，出现潜在"壳股"的情况。至于拥有不同投票权的发行人，保障措施包括对不同投票权的权利施加限制，实施保障同股同权持有人的投票权的规定，以及提高企业管治要求。

联交所共收到283份回应咨询文件的意见，广泛涵盖香港市场的持份者。

香港交易所集团监管事务总监兼上市主管戴林瀚说："我们在咨询文件中向市场建议了我们认为最合适的发展方向，在回应市场竞争的同时，亦继续维持高水平的投资者保障。在咨询中这些方案得到市场的广泛支持。"

戴林瀚又表示：我们在审阅市场回应意见后，现已在咨询总结厘清若干细节，并因应市场意见调整了当中部分规则条文，平衡各方，进一步完善上市制度。

联交所回应市场建议，于《上市规则》条文中作出的修订包括：

在生物科技发行人方面，联交所就"资深投资者"及"相当数额的投资"的例子提供进一步指引；

在尚未盈利／未有收益的生物科技发行人厘定公众持股量时不计基石投资及现有股东所认购股份的事宜，给予更大弹性；

删除建议要求不同投票权受益人（一人或多人合计）在发行人上市时不得持有超过50%相关经济利益的规定（理由是拥有不同投票权架构的发行人无论如何都须确保同股同权股东在股东大会上至少有10%的投票权）；

规定全体企业管治委员会的成员必须为（而非原先建议的大部分）独立非执行董事，并要求他们就若干事宜对董事会提出推荐建议；及遵循新的第二上市渠道申请上市的合资格申请人，可以保密方式提交申请。

由于生物科技属专业界别,联交所正/已邀请业界专家组成生物科技咨询小组,在联交所审阅生物科技公司的新上市申请时提供意见和协助。该小组为咨询性质,联交所只会在有需要时方会咨询个别成员意见。

正如咨询文件所述,联交所早前收到持份者意见,认为公司企业亦可能有正当的商业及竞争理由需要持有不同投票权。联交所计划于2018年7月31日或之前就此另再咨询市场意见。

《主板上市规则修订原文》

敬启者:

《主板上市规则》各项修订

谨附上《上市规则》重印各页及存档指示。重印各页载有实施2018年4月24日刊发的《新兴及创新产业公司上市制度的咨询总结》所载建议的各项修订。

《上市规则》现修订如下:

容许未能通过主板财务资格测试的生物科技公司上市;

容许拥有不同投票权架构的公司上市;及

为寻求在香港作第二上市的大中华及国际公司设立新的第二上市渠道。

生效:

有关修订将于2018年4月30日生效。

代表香港联合交易所有限公司
集团监管事务总监兼上市主管
戴林瀚　谨启
2018年4月

(资料来源于香港联交所官网发布的信息)

上述事件必将触动内地证券市场，在2018年初，深圳证券市场的会议让人们似乎嗅到了一些不同的味道。我们相信，在不久的将来，上海和深圳证券市场也一定会敞开大门，欢迎同股不同权的公司上市，当然基本是在修订公司法和证券法之后。另一方面，通过公司股权架构的设计，也可以做到既满足同股同权的要求，实际上又达到了"同股不同权的目的"，这个在后续章节会进一步向各位做介绍。

有的企业看到这里也许会问：为什么没有介绍新三板呢？这里和大家说明一下，企业到新三板，确切地说是挂牌，不是上市。所谓上市，实质是公司的股票能够在公开市场上交易流通，而新三板挂牌的中小企业股份转让系统，其实并不属于完全公开的交易市场，其对投资人的条件有严格限定，在新三板挂牌的公司也归类于非上市的公众公司。大家都知道新三板挂牌的要求并不高，但这几年来监管要求越来越严，如果您企业已在新三板挂牌，请务必注意披露信息的真实性。当您企业做大时，准备退出新三板到创业板或主板上市时，您的上市申报资料中披露的信息一定要与在新三板时披露的信息保持一致。2017年已有好几家申请上市的企业因为与新三板披露信息不一致止于证券市场大门外，事实上从整个新三板企业申请上市的通过率来看，是远低于直接申请上市的。

第三章 筹划上市工作

从上一章的内容中，我们可以看到，不同的证券市场对上市的要求是不一样的。企业选择在哪个证券市场上市，我们就应当指导企业在哪些方面符合目标证券市场的要求，这样才能加大成功上市的可能性。所以我们常说,企业要想上市,是要经过筹划的,未经筹划的企业,上市的成功性是很小的。

说到筹划,究竟涉及哪些内容呢?下面我们简单介绍一下。

用一句话来说筹划工作,就是满足目标证券市场的上市要求,我们以深圳证券交易所中小板举例,用简单的几个指标和要素来说明一下。

1. 业绩指标。当我们决定在中小板上市时,经营业绩应当符合要求,虽然《首次公开发行股票并上市管理办法》中要求连续三年盈利,三年合计超过3000万元,而实际上要想真正能够通过发审委的审核,原来基本上要求最近一期的净利润要超过3000万元,最近要求可能又有所提高,且业绩走势应当持续向上。如果目前企业达不到这个目标,我们通过对企业进行三到五年的规划,衡量一下企业能否在三到五年内达到要求;如果发现不能,企业是否要调整战略,考虑如何才能达成这样的目标;是否需要请专业人员首先调整公司的战略目标。如果经过规划后发现或虽然规划能够实现,但经过一年后发现无法达成目标,这时候我们就要考虑是否采用与其他同行业企业打包上市的方式来达到业绩要求;当考虑用这种方式的时候,我们就要进行一系列谈判,设计好股权结构、相关的收购协议等,以促成双方合作。

2. 业务的稳定发展与业绩的真实性。这项指标是非常重要的,但很多企业为了单纯地追求业绩,通过隐藏各项费用来实现业绩的增长,但是业绩的变化与企业内部及外部很多指标均有关联性,是具有勾稽关系的,所以需要事先对各项数据做出分析及控制,不能出现较多不合理的现象。比如:企业规模不断扩大,但人员却不正常地减少,人均产能与行业相比过高;企业产量不断加大,但水电费却减少;现行业原材料采购成本在上升,而企业原材料采购成本却在下降;净利润每年保持增长,现金流净额却有升有降，有时甚至出现负值等一系列不合理的现象。

3. 规范化成本与业绩指标。现实中我们大部分企业的规范性有待进一步提高，但规划是要成本的——社保、公积金、税等各方面均会增加企业的成本，这些成本将直接导致企业净利润降低。企业要想上市就必须进行规范，那么从什么时候规范？如何进行规范才能用最小的成本达到规范的目的呢？您所请的专业顾问会在这方面给企业制订详细的时间表，以避免企业因规范而产生过多的成本。

4. 专利技术及商标等无形资产。上市要求企业的专利技术要完整，且有市场竞争力。我们就要针对这方面给企业进行全面专业的梳理，比如企业生产所涉及的核心技术是否均已申请了专利，专利是否足够保护企业的核心技术的安全，是否需要收购他人的专利技术以使企业的经营更加具有竞争力以及商标是否有续期等。但由于上市要求所有无形资产（扣除土地及养殖等）占公司净资产的份额不能超过20%，也就是说企业不能通过无限购买无形资产的方式来达到企业净资产加大而实现上市的目的。

5. 控股股东及董事、监事、高级管理人员的三年稳定要求。当企业在决定上市的那一刻起，就要考虑董事、监事、高级管理人员的人选，要确保人员的稳定性；如果因为融资可能导致董事、监事、高级管理人员的变化时，那么在融资时必须与投资方谈清楚这方面的要求及利害关系，在与对方达成一致意见后再融资；对于投资人来说，他们自然希望公司早日上市，所以在这方面他们会尽力配合的，不会为难企业。如果企业在这方面没有事先考虑，而进行董事、监事、高级管理人员的频繁变动，那就有可能直接推迟企业上市的时间。

6.内控体系的建立健全与财务制度、流程的完善。内控体系是一个无形的指标,是不能通过简单阅读来判定内控体系是否存在重大缺陷的。在以前章节的案例当中,我们为大家详细摘录了证监会发审委提出的问题,大家从企业很多方面可以看出内控体系是否健全。比如从一张简单的出库单的签字就能发现内控流于形式,所以内控体系是需要事先建立健全,并通过不断地完善以达到上市的要求。

以上仅是通过几个方面来简单介绍一下筹划上市需要进行的一些工作,实际工作远不只这些。这些工作对大多数企业家来说都是有些陌生的,所以请专业人士来进行上市前期的策划是非常必要的,尤其对于中小企业来说更加重要了。

有的培训老师说:企业上市并不难,关键在于如何去策划上市的工作。我认为这句话有些夸张,但也真实说出了企业谋求上市过程中策划的重要性。

无论通过何种方式上市,如果您的企业正在上市的准备过程当中,请您仔细阅读一下我们为大家摘录的证监会发审委对于未能通过上市审核企业所提出的问题,通过这些问题,您可以对照一下自己企业的状况,与您的专业顾问认真讨论一下。

第二部分
中小企业股权的误区

第一章　股东股权设计的误区

第一节　误区一：股权设计与商业模式无关、与公司架构无关

经常有企业家听完我讲的课程后，就直接拿了张股权架构图问我是否合理。我问他："你的商业模式是怎么样的，你将来打算如何发展呢？"对方会一脸茫然地看着我。

很多企业家在设计企业股权的时候，一般不太考虑企业的商业模式及未来的发展方向，不会考虑未来的发展与公司架构间的关系，认为股权只要简单规划一下，保持控制权就可以了。事实上正是企业家最初规划的时候没有考虑到这一点，而在后面不断的融资当中失去了控制权，或者是因为想要保持控制权而将自己陷入了巨额债务当中。

下面我们通过几个案例来简单说明一下股权设计与商业模式、企业家未来发展的关系。

案例1　投资公司

投资公司的商业模式一般是通过投资取得收益、管理投资款项取得管理费、收取投资人的交易手续费等。投资公司的模式有的用有限公司，有的用有限合伙企业，无论哪种形式，重要的是界定谁是负责对外投资的，投资收益如何分配；谁是出资人，收益与亏损如何承担。用有限合伙企业模式的，GP是管理人，对外执行事务。LP是有限合伙人，是出资人，不涉及股权的问题，是合作方式的问题，大家事先约定好合作协议就可以了。如果是

用有限公司形式的,则要界定好持股比例与权限的问题,以及投资收益如何分配的问题,股权设计就非常简单了,重要的是章程中或股东合作协议中约定好各自的权利及义务。

案例2　传统贸易及制造业等

很多传统企业家,都是自己持有企业全部的股份,也不打算去另外投资开设其他的公司,也不会考虑向外界融资或与他人合作等,这时的公司股权是非常简单的,不用考虑股权设计的问题。

但如果您目前公司赚到的钱,拿去再投资开一家公司,这就是说,您不仅是位企业家,还是位投资者,会去投资别人的企业,也可能再另开辟其他行业,这时候就不是简单的你持有全部股权的问题了。我们看一下,下面两个不同的股权结构及公司架构会有什么不同的结果。

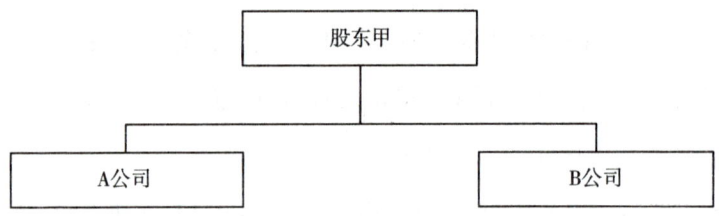

图1-1　公司架构一

我们看一下公司架构一当中,企业家甲直接及通过他人代持共持有经营公司A和B的100%股权。当A公司2016年剩余可分配利润为3000万元,甲想用其中的2000万元来投资B公司,实际B公司能得到多少钱呢? 流程是这样的,首先A公司向甲分红,分红时要扣除个人所得税20%,剩余1600万元;然后甲再用拿到的1600万元投资B公司,也就是说B公司最多只能得到1600万元的投资。也许您会说,那不用分红的方式,甲就直接从A那里拿走2000万投资B公司不就可以了吗? 如果甲是通过借款拿走的,到了年底未归还,则视同分红,那么甲就欠缴个人所得税400万。

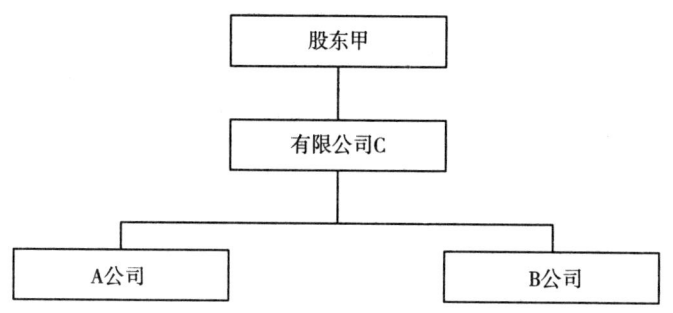

图1-2 公司架构二

我们再来看公司架构二，股东甲直接持有及通过他人代持共持有C公司100%股权，C持有A、B公司100%股权，A公司2016年底可分配利润为3000万元，这时如果甲想要向B投资2000万元，则A向C分红2000万，C向B投资2000万元。您可能会说，C收到A的分红2000万元，不是应该缴纳企业所得税吗？是的，企业收入应当缴纳企业所得税，但目前在国内，居民企业间分红国家是免税的，也就是说不用缴纳企业所得税了。这时您看到了吧，当您赚钱后想投资的话，就不适宜再以自然身份来直接持有经营公司的股权了，而是通过一个有限公司间接持有，这对您来说是更有利的，可以避免在投资前又去缴纳一道个人所得税了。

是不是做到公司架构二就没有问题了呢？目前中国的离婚率比以前要高很多，普通人离婚分分财产结束，企业家离婚就麻烦了，公司的股权也是财产呀！为了不让另一方参与公司的管理，有的企业家就用现金来补偿对方，有的就面临失去控制权的局面，那么如何避免呢？我们来看一下公司架构三及公司架构四。

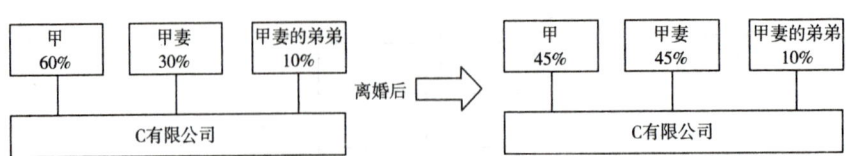

图1-3 公司架构三

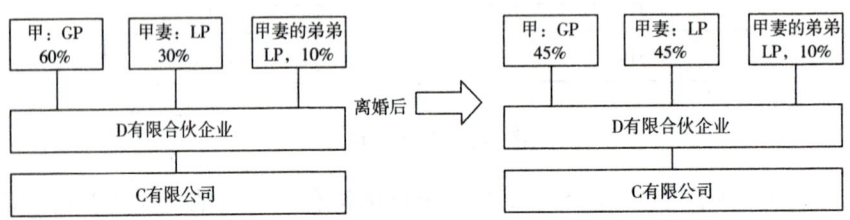

图1-4 公司架构四

从上面的公司架构三中我们发现,当甲离婚时,如果不花钱购买甲妻分得的股份,则甲妻与其弟弟联手后,甲就失去了控制地位。

从上面的公司架构四中,在C有限公司与自然人股东之间架设了一个D有限合伙企业,甲是GP,其他人均为LP,这时候我们发现甲因其是D有限合伙的GP身份,可以让他离婚后虽然在持有比例上不占有优势了,但仍控制着公司。

案例3 全国代理的商业模式

如果您的商业模式是采用全部代理的方式,那么与代理商的捆绑就非常重要(当然如果你的产品如贵州茅台一般就不用考虑这方面了),如果您想采用股权的捆绑方式,那么您就要考虑如何释放您的股权、股权比例、获得股权的条件等等了。

如果您自己的销售或其他核心队伍当中,您需要进行股权激励以确保团队的稳定性,那么他们的股权从哪里来、给多少股权、多少人需要给股权、多少钱卖给他们也是您事先需要考虑的问题了。

我们从下面两个图中来简单说明一下，如果您打算释放股权给您的代理商，可能采取的释放股权的方式。

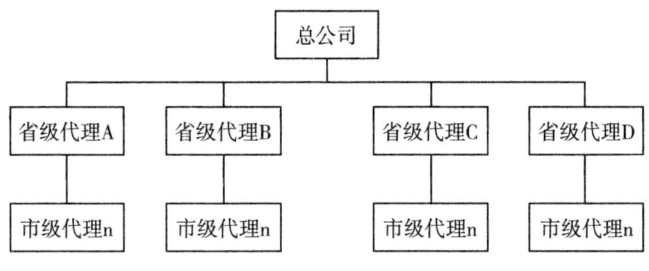

图1-5　全国代理模式一

在模式一当中，所有的股权均需要从总公司释放出来。

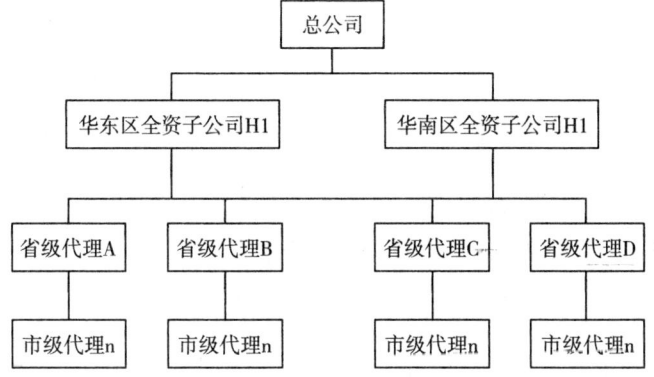

图1-6　全国代理模式二

在模式二当中，股权可能从总公司、H1、H2分别释放出来，总公司要对H1、H2保持控制权。

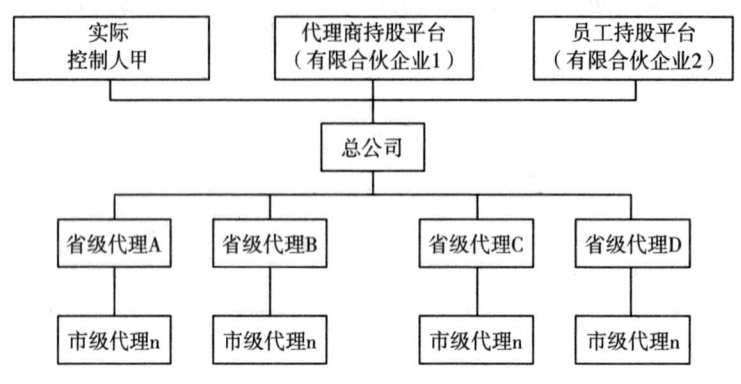

图1-7 全国代理模式三

在模式三中,股权从有限合伙企业持股平台来释放。前面介绍有限合伙企业,其特殊性是无论出资多少的GP,都控制着企业。

在上面三个模式当中,模式一的局限性是最大的,模式二就稍宽松一些,最方便操作的就是模式三了。所以说如果您的商业模式是用股权捆绑您的代理商,那么何时设计股权的释放事宜就很重要了。

案例4　用金融杠杆的模式经营传统生意

首先解释一下何为用金融杠杆的模式经营传统生意。

过去的企业家如果投资开一家酒店,需要投资500万元,就自己出钱来运作了,现在很多人就向大家筹钱来开店,所以众筹网也火热起来。所谓金融杠杆,就是自己投资一部分,再向他人融资一部分。杠杆高低就是他人投资与自己投资的比值大小,比如常常听说两倍杠杆,也就是你融资两万,自己投资一万。

采用这种模式,关键是要约定好各自的权利和义务,如利润如何分配,亏损如何分担,管理费用如何提取等,股权比例则不是重点。

案例5　加盟

加盟的模式有很多,有品牌授权后加盟商自主运营,总部统一管理模式及配货；有品牌授权、加盟商出资及店铺，但管理运营由总部负责，按期给加盟商分红；有总部与加盟商各投资一部分，由加盟商来运营或总部来统一管理。

当您的模式中涉及用股权去捆绑加盟商时，您要事先考虑周全，如何有足够的股权释放、释放多少比例股权等。

其实说了很多，总结起来就一句话：当您进行公司架构及股权设计时，请不要仅以目前状况为着眼点，要想到未来的发展需求。

第二节　误区二：股东间股权比例一定是按投资比例分配的

很多实体企业家在自己开厂、开店时，资金可能会有些紧张，于是就会向认识的同学、朋友进行筹资一起来开工厂等，然后就按各自投资的金额占总投资的比例来持有公司的股份，只要确保自己股份最多就可以了。

首先在这里和大家理清一个概念，那就是如果您想和同学、朋友共同开办一家有限公司，假设有限公司的每一元注册资金为一股的话，则投资一元不是一定持有一股，也就是说企业家在开办企业之初，您可以溢价进行融资。

举例说明一下：您打算成立A公司来运作H项目，H项目前景很好，预计投资回报率也不错，但营运资金需要1000万元，您目前只有400万元。

过去您的做法可能是找两个同学，各出300万元，三人总共1000万元，您持有40%股权，其他两人各持有30%股权，这样的做法就会导致雷士照明或真功夫那样的悲剧。

现在您可以这样来做：您出资400万元，占公司总股权为80%，两位同学共出资600万元，其中100万元计入公司注册资金，500万元计入资本公积，两位同学占公司股权共为20%。后一种做法您是不是牢牢地掌握住了控制权呢？

这时也许您会说，那同学可能不同意呀！其实其他人会不会同意，不是简单仅用持有多少股权来解决的问题，也可以用其他股东间条款来满足他们收益的要求，比如公司盈利多少钱之内，要首先满足他们的投资回报，如果指定时间不能满足，股权上要做如何调整等。

所以说最初创业的企业家，您所拥有的项目就是您溢价的资本，所以不一定按投资比例来分配股权比例。

上面章节中也和大家介绍过，股东间利润分配也是不一定按照持有股权的比例来分配的，合伙企业、有限公司都是可以自行约定利润分配方式的，只要不违反国家法律法规的强制规定就可以了。

第三节　误区三：投资就用自然人投资，用自然人持股

过去企业家开公司一般习惯上自己做股东，再找个亲戚持有一点股权，这样就成立了一家有限公司。这么做的弊端在上一节中已经和大家分析过，企业再投资就会产生不必要的税收支出，同时也有失去控制权的风险。

除了税收的额外支出及失去控制权的风险外，企业经营过程中也是有很多其他风险的，有效利用不同组织形式来做公司的股东，可以有效避免经营风险。

下面给大家举一个真实案例，当然并不建议大家也像案例中的公司一样这么做，合理规避风险是我们应该去做的，但这个案例的做法我本人是

不赞同的,有种欺骗的味道在里面。

案例1　小额贷款公司中的一家贷款担保公司的公司架构设计。

担保公司为贷款主体进行担保时,收取贷款主体担保费,一旦贷款主体失去偿还能务,则担保公司要替贷款主体偿还贷款,这样担保公司要有实力,借款人才会相信担保公司。同时担保公司的风险也很大的,一旦出现过多的违约,将直接导致担保公司破产。另外想赚担保费的公司的投资人也不一定有实力来为别人担保,但公司注册资金认缴制很好地帮了这一类人的忙。

有一次,一位朋友推荐给我了一家小额贷款公司,说这家的借款利率还不错,我就去看了一下。由于职业的习惯,首先考虑到的是风险问题,就查了一下担保公司的情况。下面这家公司就是实际用1000万元,但却以10亿元注册资金,看起来非常有实力的公司出现在一家小额贷款的担保公司名单中。

首先A注册资金10亿元,作为担保公司要承担10亿元的风险;于是B有限合伙出现了,B有限合伙是A的100%股东,B注册资金一亿元,但有限合伙企业当中,C有限公司为GP,也就是承担无限责任的那一方;但有限公司的风险以出资额为限,C的注册资金为1000万元,所以C公司股东承担的最大风险就是以1000万元为限。

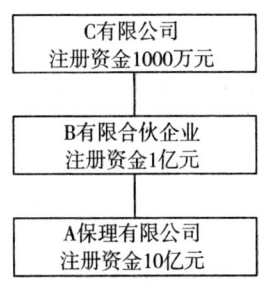

图1-8　某担保公司的公司架构

看到这里,如果您是小额平台上的出借人,是否有种被欺骗的感觉呢?这家担保公司的投资人用1000万元为限,有效利用不同组织形式的特点,对外表面上承担10亿元的风险。

不过我更建议企业家合理运用这种方式,我也会建议我的顾问企业他们用这种方式,主要目的是为了掌握公司的控制权,这在下面的章节中会为大家做进一步的介绍。

第二章 创始人如何确保掌握对公司的控制权

因为我们读了太多创始人失去控制权的案例,阿里巴巴的马云为了掌握控制权宁可到美国纽交所上市,这些无疑让创业的企业家进一步认识到牢牢掌握公司控制权的重要性,那么企业在发展过程中如何确保公司的控制权不旁落他人呢?在下面的案例当中一一为大家做介绍。

第一节 单一的一家有限公司控制权的掌控

就单一的一家公司来说可以通过以下几种方式来掌握控制权。

1.通过持有一定比例的股权来掌握,比如大于51%或大于2/3股权比例来控制公司,这种情况下有一个前提,也就是前面的章节中提到的,就是您公司用的章程是工商注册时工商局给的标准模板。如果其他人投资金额较大,则就用溢价出让股权的方式确保您的持股比例大于半数以上。

2. 通过修改工商章程中的条款来达到掌握控制权的目的。无论您持有的股权比例是多少，您可以在章程中约定，您持有的股权所享有的表决权为三分之二以上，比如70%的表决权，然后公司重大事项的表决权要求为三分之二以上表决权通过，这样您就通过修改公司的章程来达到控制公司的目的了。

3. 通过一致行动协议来掌握公司的控制权。如果您的持股比例无法达到控制公司的目的，章程修改也可能无法在股东会上获得通过，您还可以用一致行动协议来实现控制公司的目的。举例说明一下：A公司有甲、乙、丙、丁四个股东，分别持有股权的比例为35%、20%、25%、20%，甲是公司的创始人，乙是甲的同学，丙丁是社会投资者，这时甲可以和乙商量，尽可能与乙达成一致行动协议，也就是无论公司对任何事项进行表决，则乙的行动与甲保持一致，也就是甲赞同，则乙赞同；甲反对，则乙反对。企业在申请IPO时一般要有实际控制人，如果没有，则建议用一致行动协议来解决实际控制人，否则是有可能通不过审核的。2018年1月30日，证监会发审委公告显示，杭州千岛湖鲟龙科技股份有限公司（首发）未通过，其中原因之一就是没有实际控制人。

4. 通过股东间协议来实现对公司的掌控。公司的章程是对外公示的，是对所有股东有效的，包括后面加入公司的股东，但除了章程外，股东之间可以另外签订股东协议。在股东协议当中约定创始人对某些事项的特有权力，这些协议在签字的股东之间是有法律效力的。比如A公司有创始人股东甲、乙、丙，创始人甲可以约定甲享有乙丙股份所对应的表决权，乙丙的股份不能对外转让，只能按约定价格向甲转让等条款。

5. 通过对利润让步来获得公司的控制权。A公司有甲、乙两个股东，注册资金及资本公积共100万，甲出资30万，乙出资70万，双方约定甲持有公司

70%的股权，负责公司的运营；乙持有公司30%的股权，不参与公司的运营；在年终利润分红方面，甲分红比例为50%，乙分红比例为50%。这样甲就通过对利润的让步获得了公司的控制权。

6.通过对董事会人员的控制达到对公司的控制。如果您公司规模比较大，日常经营有经营团队，经营团队之上有董事会，股东日常不参与公司的运营，这时候谁掌握董事会的多数人的席位，谁就控制了公司。如果您想掌控公司，那么您就要想办法制定董事会选举的游戏规则了，其实这方面还是很有趣的。马云控制阿里巴巴，就是通过对董事会人数上的多数推荐权来实现的，而黄光裕与陈晓之争也是源于黄光裕对董事会人数的游戏规则被陈晓利用而让陈晓有了可乘之机。下面摘录陈晓与黄光裕之战来说明一下。

2006年5月，当时持有国美股份的黄光裕家族在国美股东大会上对公司章程做出了修改，授予国美电器董事会拥有以下权力：第一，国美董事会可以随时任命董事，不必受制于股东大会设置人数的限制；第二，国美电器董事会可以各种方式增发、回购股份，对管理层实施股权激励。从国美大战中，大家可以仔细了解陈晓是如何利用上述条款对黄光裕发起了"去黄化"的战争。

第二节 单一的一家有限合伙企业控制权的掌控

合伙企业分为有限合伙企业和普通合伙企业，普通合伙企业主要在律师事务所和会计师事务所常见（律师事务所和会计师事务所多为特殊普通合伙）。普通合伙企业的控制权主要靠合伙协议的约定来实现，这里我们主要介绍有限合伙企业。下图为一家有限合伙企业的结构。

GP1	GP2	GP3	LP1…LPn
有限合伙企业			

图2-1 有限合伙企业示意图

在这里对有限合伙企业再做进一步介绍。有限合伙企业最多可以有50人，至少有一个GP（普通合伙人），至少有一个LP（有限合伙人）。LP以出资额为限承担有限责任，GP对内按出资比例承担责任，对外承担无限连带责任。LP不参与合伙事务。

合伙企业如果只有一个GP，那么这个GP就是合伙企业的控制人，如果合伙企业不止一个GP，如上图有三个GP，那么谁是这家企业的实际控制人呢？GP1、GP2、GP3是不是出资最多的就是实际控制人呢？不一定，其实这最终还是取决于三位普通合伙人之间的协议。如果您是创始人GP1，您的两位同学愿意和您共担风险，您出资100万，他们共出资500万，那么您想要控制这家合伙企业，仅您个人对外代表这家合伙企业执行合伙事务，您只要与其他两位同学在合伙协议上约定就可以实现了。

第三节 有限合伙企业GP的身份规划

利用有限合伙企业的特点来达到对有限公司的控制，同时规避GP的无限连带责任风险。下面我们先看一则图示，根据这个图示来解释一下。

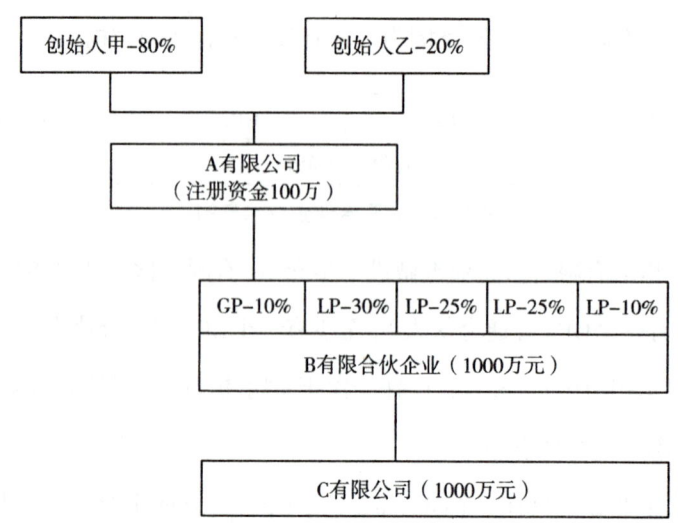

图2-2 有限合伙企业在有限公司控制权上的应用

在上面这个案例中，C有限公司的注册资金为1000万元，由B有限合伙企业100%投资设立；B有限合伙企业有五位合伙人，其中一位普通合伙人，四位有限合伙人，企业由普通合伙人控制，负责合伙企业的执行事务，GP的实际出资为100万元。GP是由一家A有限公司担任的，A有限公司注册资金为100万，股东甲出资80万元，持有股权的比例为80%，股东乙出资20万元，持有股权的比例为20%，A公司的控股股东为创始人甲。

通过上面的安排，创始人甲虽然只出资了80万元，实际掌控了注册资金1000万元的C有限公司，同时利用有限公司承担有限合伙企业的GP，规避了GP的无限责任。在目前的有限公司当中，由于开办企业所需要的资金越来越多，创始人完全依靠个人出资的困难很大，融资就是一件不得已而为之的事情了。出资少而又想掌控公司，那么上面的安排则是比较好的一种方式了。

上面是一家有限公司，那如果有多家有限公司呢？下图再为大家详细说明一下。

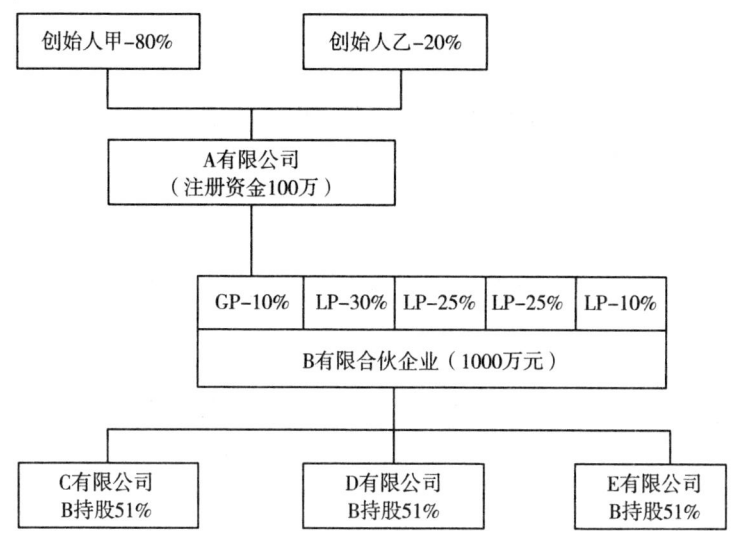

图2-3 有限合伙企业在多家有限公司控制权上的应用

在上一张图示中，B有限合伙企业拥有C有限公司100%股权，这样资金的使用就不能控制更多的有限公司；而在这张公司之间架构图中，B有限合伙企业只有持有C、D、E有限公司51%的股权，就可以用有限的资金控制更多的有限公司了。

其实在利用有限合伙企业来控制有限公司的应用当中，大家一定会发现，这实际上就是同股不同权的变相应用了。

以上这些给大家介绍的应用是简单的举例，为了给大家直观的印象，也便于各位的理解，而现实当中的应用很多要比上面复杂得多，但原理都是一样的，可以举一反三来进行应用。

企业家在进行上面应用的时候，一定要注意各种协议、章程的详细条款的约定，而这些都涉及法律或财务上的专业知识，因此务必请您的法律顾问及财务顾问来参与完成，以免出现不合法或有漏洞，给他人留下可乘之机。

第三章　股权激励的误区

第一节　误区一：股权激励的方案是通用的

目前市场上有很多从事股权激励培训的老师，刚好迎合目前股权激励的热门市场需求，很多企业家都会去听几场关于股权激励的培训课程，而各个培训老师也会给企业家股权激励的模板，有的企业家就觉得老师讲得非常有道理，回去就按学到的内容准备给自己企业的员工做股权激励。

市场上的培训老师大多数还是很负责任地为各位企业家做股权激励的相关培训，但也有为了吸引企业家的眼球而设计出让你哭笑不得的方案的。比如我的一个顾问单位正在做股权激励，这期间老板刚好去外面听了一堂股权激励的课程，回去就说老师讲的如何在理等，于是不得已我让我的合伙伙伴给对方老师打了个电话，我让她只要问对方一个问题就可以了：如果一个企业正在准备上市阶段，请问您的股权激励方案可以用吗？那位老师倒也负责任，诚实地回答说：不能用。

我们看一下当时我们争议的一个焦点：我们不说是哪个培训班了，我们就称他为甲老师吧。他告诉企业家说："你企业每股值多少钱，你先设定你公司的市盈率为4，你今年的净利润为500万元，则股权总价值为2000万元；如果按企业共有2000万股来计算，则推算出你目前每股的价值就是一元。明年你的每股值多少钱呢？看你是注重净利润的增长还是销售额的增长，你看重净利润，就将净利润的比重加大；看重销售额，就将销售额的比重加大。然后来计算你公司明年每股值多少钱。最后用当前的股价加上明年的增长额就得到明年的股价。每年均可以这样计算。"

我来用公式解读一下这位老师的话：

1. 您企业2015年净利润为500万元，市盈率为四倍，则企业股权总价值为2000万元，按2000万股数来计算，则目前2015年每股 = 1元；

2. 假设净利润的增长占比为30%，销售的增长占比为70%，2016年净利润增长了100%，销售额长了120%，则

2016年的每股 = 1 + 1 × (100% × 30% + 120% × 70%) = 2.24元。

这位培训老师的话，很多企业都觉得有道理。下面我用几个问题让大家自己判断一下上面的设计是不是正确的，是不是对所有企业都适用。

首先一个企业的总价值，当没有借款存在的时候，股权的总价值就是公司的总价值。按上面的说法，公司总价值为2000万元，也就是这个价格是公允的市场价格，如果有人愿意出2000万元买您企业的话，价格是合理的。现在我的问题是：如果您企业目前有厂房，市场价值大约为3000万元（当年只花了1000万元购买的，现在已经增值了），但您目前盈利不太好，每年净利润只有500万元，请问您会以2000万元将您的企业卖掉吗？您一定会说不会。是的，这就是这个方案的问题之一。市盈率并不适合所有的企业，在一个企业拥有大量净资产，但目前盈利不是很多的情况下，是不适合用市盈率的，对亏损的企业就更不适用了。

其次看一下关于2016年股价计算的问题。按照甲老师的说法，对于利润和销售，企业看重哪一部分，就加大哪一部分的比重。我想问的问题是股价×股数=股权价值，假设没有债权，则股权价值等于企业价值，是不是企业家坐在办公室里，调整一下利润占比或销售占比的数值就能改变企业的价值呢？这显然是不可能的，这么做如同儿戏一般。一个企业价值到底是

多少,是要用一定标准去评估的,不是说我们想让企业值多少钱,企业就值多少钱。在企业创办早期,企业家可以卖自己的梦想,但随着企业的发展,则要现实一些,不可能一直无依据地卖梦想的。

从上面这个案例当中,可以看到,不同企业由于行业不同、企业所处阶段不同、投资规模不同、利润规模不同、销售规模不同、现金流量不同、销售成本不同等各个因素决定了企业在做股权激励时不能照搬市场上培训老师的方式,要根据企业的性质、发展的需要来做自己的股权激励方案。

第二节　误区二:股权激励的天花板够不到

股权激励也是一种激励方式,只是对激励对象的奖励是用股权或以股权为参照物的现金来兑付的,所以股权激励也要遵循一般激励的原则。

很多企业在做股权激励时常常会犯的错误就是企业给激励对象所设定的目标,达成的可能性微乎其微,企业把股权激励当成是万能的,似乎每个员工都会为了股权去拼搏,即使得到股权可能性很小。其实当激励的天花板员工够不到时,即使是股权激励,员工的首先反应就是不去够了,所以无法起到激励的作用。

企业在设定激励机制时,最容易犯的错误就是设定一个员工够不到的天花板当目标。企业在给员工做激励方案时,是希望员工在为企业创造价值的同时,能够拿到奖励,因此只有多数员工通过比目前更多的付出并取得相应的结果时,就能够得到相应奖励的方案才是有效果的激励方案。反之激励方案也不能走向另一个极端,那就是员工和当前一样的付出,不需要额外的努力、或稍微努力一点就能拿到奖励，那奖励的支付就没有任何意义了。

我们举例来说明一下。

一位销售员，平时每天工作八小时，每小时能够接待三位潜在顾客，平均潜在顾客的转化率为20%，人均月消费为8000元，一个月按21.75天计算，则这位销售员目前月销售额为：21.75×8×3×20%×8000=835 200元；公司优秀销售员的潜在顾客转化率为40%，人均消费为15 000元；公司销售人员平均转化率为25%，平均人均消费主12 000元；公司希望销售人员平均每天工作十个小时，每小时接待四位潜在顾客，同时希望转化率通过培训可以提高到30%，人均消费可以提高到9000元，则这位销售人员的月销售额就可以达到：21.75×10×4×30%×9000=2 349 000元，这里面的数字都是现实可以达到的，就可以在公司的销售奖励方案当中，根据这一种情况设置一定奖励，这样销售员就会愿意努力拿到这个奖励。

也许您会说，那原来最优秀的销售员就可以做到呀，那岂不是他不用努力就能拿到这个奖励了？问题提得很好。如果原来最优秀的销售员工普通销售员拿的一样多，我想他很快就要离职了，他本来就应该比普通销售员拿得多；如果这位优秀销售员原来拿得就比普通销售员高很多，那您可以将奖励的方式设为成长性奖励，这样每个销售员均与自己做比较，努力达到更高的业绩了。

第三节 误区三：还没有进行股权激励就开始宣传

很多企业家准备进行股权激励之前，就在公司开会和管理人员宣传，这样的结果就好像你准备进行一场谈判，在谈判之前先让对方做好准备，这种情况下，可以设想一下谈判进行的是不是会很艰难。

当员工得到公司要进行股权激励的消息时，员工的心理变化就如同前面所述，在公司决定要上市时的心理变化一样，增加了不必要的不稳定因素。

第四节 误区四：股权激励是孤立的

很多企业在进行股权激励时，仅仅为股权激励而激励，并没有考虑股权激励的实质是什么。股权激励的实质就是绩效考核的一种激励手段，只是兑付绩效考核的结果是用公司的股权，或以股权为参照物的现金奖励而已。既然股权激励是绩效考核的一种激励手段，那么企业家在给本企业做股权激励时要注意到，单纯的绩效考核往往效果欠佳，更重要的是要进行绩效管理工作，而不是单纯的绩效考核工作。

第四章 如何进行股权激励

第一节 股权激励与平衡计分卡（BSC）的关系

首先介绍一下平衡计分卡。1987年，Analog Device（简称："ADI"）公司进行了平衡计分卡实践尝试，这是平衡计分卡的起源，当时邀请管理学者参与，哈佛商学教授卡普兰（Robert S. Kaplan）参与这个项目，后来其与哈佛商学教授诺顿（David P. Norton）经过研究，正式提出了平衡计分卡的概念。

平衡计分卡主要是为了解决有效的业绩评价问题和成功实现战略的问题，因为当时企业的战略被成功执行的概率约为10%，而失败的原因70%归于执行能力不够。

平衡计分卡打破了传统的只注重财务指标的业绩评价模式，而是从四个维度全方位进行考核，同时将指标分为驱动指标和滞后指标。平衡计分卡根据战略发展所必须达到的目标，将任务和决策转化成目标和指标。

1. 财务维度。现代企业财务管理的目标是企业价值最大化，而衡量企业价值的指标一定不可缺少的就是财务指标，我们一般会从以下的财务指标中来选择财务维度的考核指标：净利润、销售收入、现金流量净额、投资回报率、经济增加值、增加的市场份额等。财务维度的目标是解决"股东如何看待我们"。

2. 顾客维度。顾客是企业利润的来源，离开了顾客企业也就无法生存，所以顾客的需求和顾客满意程度就是企业需要关注的焦点。常用的顾客维度指标有：按时交货率、客户满意度、客户保持率、客户获得率、客户盈利率、新产品销售占全部销售的比率等。顾客维度的目标是解决"顾客如何看待我们"。

3. 内部业务流程维度。对于生产型企业，内部流程体现了企业的核心竞争力。内部流程维度的主要指标有：交货及时率、生产周期、单位成本、产出比率、产品合格率、存货比率、开发效率、售后保证情况等。内部业务流程维度解决"我们的优势是什么"。

4. 学习和成长维度。企业要保持长期稳定的发展，就必须持续为顾客创造价值，这就要求企业要持续的学习并成长。学习与成长维度常用的指标有：员工满意度、培训时间、关键员工流失率、新产品开发周期等。学习和成长维度解决"我们是否能继续提高并创造价值"。

平衡计分卡通过以上四个维度的指标解决了的四项平衡问题：

1. 财务指标和非财务指标的平衡。财务指标是传统绩效考核常用的指标，其他三个维度则多为非财务指标。财务指标多为滞后性指标，而企业的发展离不开驱动指标，而企业长期稳定的发展则离不开学习与成长指标等。

2. 企业的长期目标和短期目标的平衡。平衡计分卡是一套战略执行的管理系统，战略是长期，但战略的阶段目标是短期的，短期与长期的目标是相互联系的，且要在长期与短期目标之间寻求平衡，不能只为短期目标而不考虑长期目标；也不能只考虑长期目标而忽略短期目标。

3. 结果性指标与驱动性指标之间的平衡，也就是领先指标与滞后指标的平衡。净利润、销售收入、现金流利净额、市场占有率等属于结果性指标，新产品开发率、新客户开发率、顾客满意度等则属于驱动性指标。

4. 企业组织外部指标与内部指标的平衡。平衡计分卡中，股东与客户为外部评价，员工和内部业务流程是内部评价，平衡计分卡有效地平衡了内部人员与外部人员的利益需求。

设计平衡计分卡的时候，需要做到以下几点：

1. 四个维度要互为因果，设计其中一个维度时，必须考虑其他三个维度相关的指标，否则就会无法实现考核目标，流于形式。

2. 指标中财务指标很重要，适用短期的目标实现，但驱动指标更能有效确保长期指标的实现，所以要在两点之间平衡好。

3. 企业发展的目的是实现最大的经济效益，所以平衡计分卡的最终目的就是要与财务指标结合起来，实现企业的经济利润。

平衡计分卡与KPI考核的关系。平时我们常用的考核办法就是KPI考核，那么平衡计分卡与KPI有什么关系呢？KPI考核时一般单纯的考虑各个KPI指标，较少考虑KPI各个指标间的关系，平衡计分卡就是考虑各项指标的关系，让KPI考虑更加符合企业战略发展的要求。把平衡计分卡拆开来，就是KPI考核。

那么平衡计分卡与股权激励的关系呢？股权激励是通过考核而对员工进行激励，激励是用股权或以股权为参照物的现金来兑付。股权激励离不开绩效考核，而为确保企业战略的落地实施、顺利执行，最终成功实现战略目标，平衡计分卡是最有效的工具之一。因此，如果您的企业正在发展当中，且已明确制定了三年以上的战略目标，则平衡计分卡的绩效考核方式是不错的选择之一。

第二节　股权激励与融资的关系

融资的方式有很多种，在本书前面已向各位做了简略的介绍。

是不是所有的股权激励均仅仅是为了实现企业的良好业绩呢？不是。股权激励的结果是员工获得公司的股权，而这部分股权员工是需要出资来购买的，而员工的出资也就是企业向员工进行融资，所以有的企业家并不是仅仅为了激励而进行股权激励，而是利用股权激励的方式，激励员工并向员工进行融资。

股权激励最早的时候，目的侧重于融资的并不多，但最近几年里，以融资为主要目的的股权激励越来越多，包括有的上市公司向员工进行增发股票进行股权激励，仔细分析你就会发现，其真正的目的是向员工融资。

无论企业是为了激励员工而进行股权激励，还是兼为了融资而向员工激励，适当的股权激励对企业和员工都是双赢的。员工出资后对企业就有了更多的认同感和责任感，所以工作起来会更用心、尽力，年终也可以拿到一定的分红，也会有一种自豪感。企业向员工股权激励后得到资金，且拥有了更努力工作的员工。所以股权激励对企业、对员工均是有利的。

第三节　股权激励与团队建设的关系

上一节中介绍了平衡计分卡与股权激励的关系，在平衡计分卡中，学习与成长维度的考核指标，对于成长性企业来说，一般都会有团队建设的指标。

俗话说：铁打的营盘，流水的兵。对一个企业来说，完善企业构架、内部流程、制度、岗位职责、员工操作指南、工作指南、业务指导等可以把企业的营盘打造得非常牢固，但这些是基础，所有这些均是运用于员工的工作当中的，企业的运营是离不开员工的。有了这些完善的内部管理体系，企业可能不再需要明星员工，但70分的员工还是必要的；如果企业的员工都是60分员工，再好的管理体系也无法真正体现它的效果。

因此团队建设就显得很重要了。现在很多企业家大多经历过这样的局面：某个相对重要的岗位员工离职，发现没有人可以接替，只好加薪留人。面对总是不断有人要离职，公司不得不一次又一次地让步。如果企业事先做好梯队建设，只要员工不是成批离职，那对公司的影响就不大，公司随时可以有人来替补。

团队建设对公司在任何时期都是非常重要的，当企业决定进行股权激励的时候，将团队建设的内容也加入激励的目标，那对企业来说是很好的决策。让企业未来管理梯队的人员通过股权激励而拥有公司的股权，加强了公司人员的稳定性和抗风险性，为企业长期稳定的发展打下坚实的人力资源的基础。

第四节 股权激励与商业模式的关系

我们常提到的股权激励均是企业对内部员工进行的激励方式，这里所谈的股权激励与商业模式之间的关系，提到的就是另一种股权激励。当企业更多的与外部合作时,那么确保合作关系的稳定性及不断的业绩提高是很重要的,因此企业可以考虑同样用股权激励的方式来实现与外部合作伙伴的捆绑。

在前面股权设计的章节有提到一种商业模式,就是全国代理的商业模式。在这种模式下,为了达到与代理商的长期捆绑,则可以考虑对代理商的一种股权激励,当代理商达到一定的业绩或企业其他战略目的,则可以允许代理商购买企业的一部分股权,这样就实现了企业与代理商之间的一种更紧密的联盟。

在下一部分当中,会通过以下案例来介绍用股权激励的方式达到企业扩张的目的,并与分销商形成紧密的合作。

第五节　股权激励与员工的关系

相信现在的企业家通过参加市场上一些老师的股权激励的培训课程,了解了一些名词,如工龄股、岗位股、身股、职级股、业绩股、成长股、期股、期权、实股、虚拟股、干股等,这一系列的名字让很多企业家晕头转向,搞不清楚自己企业在实行股权激励时该实行什么股了。

首先要澄清一点的,培训老师之所以给股权起了这么多名字,无疑是告诉您股权激励是个专业的工作,不要自己去做。培训老师这么做的另一个目的,是因为专业名词您听不懂,干脆用一些通俗的名字来告诉你。另外导致这些名字出现的原因就是:不说点你听不懂的,怎么能体现老师的水平呢!

事实上股权激励确实是一项专业的工作,请老师来做是比较明智的选择。但如果您的企业比较简单,也可以尝试自己来做。

另外想说的是,如果您的企业是准备上市的,请慎重使用上面的名词,否则当您向公众披露您的股权激励方案时,会贻笑大方的。

股权激励到底和员工有怎样的关系,这取决于企业控制人的想法,并不是说企业一定要对员工进行股权激励、企业进行股权激励一定要对老员工进行股权激励、一定要按工龄来分出个高低等。我们常说管理没有定式,适合企业的管理就是最好的管理。股权激励也是一样的,没有定式,适合企业的股权激励就是最好的股权激励。

华为创始人任正非的观点就是全员持股,在职时股份在,离职时公司回购不再持股。大部分的上市公司,大多只是给部分管理层股份,且也不是按股权激励方式给的,而是看员工的历史贡献、岗位职级、与老板的关系远近等给的股份;而有的公司上市后对员工的股权激励很多也是流于形式,是变相给员工股份且企业得到融资。

所以说股权激励到底和哪些员工发生关系,员工持股应该如何计算,不必去套用固定的模式,只要根据公司的情况,设计出统一合理的方案,公平公正的去执行就可以了。

我们都喜欢重情谊的人,企业老板也一样,所以说股权激励的过程中多考虑一些忠心的员工对整个公司都是有益处的,无论这些员工的岗位是否重要,是否对公司做了多大的贡献。

另外对一些关键岗位上的人进行股权激励是必要的,因为他们工作结果的优劣对公司的影响是至关重要的。

销售部门的股权激励一般是不可或缺的,没有销售,公司就没有收入,企业就无法生存。

公平的股权激励是很重要的,当公司对销售部门进行股权激励时,不能不对财务、人力资源部、生产、设计、质控等一系列部门进行股权激励，否则会引起内部的矛盾，各部门的合作会出现问题；会把企业划成两部分：一部分是进行股权激励的部门，一部分是没有股权激励的部门。

适度的股权激励是必要的，要让员工知道企业的股权不是随意给的，现在不争取，以后可能没有。企业只愿意将股权给对企业忠心的员工、对企业有贡献的员工、有成长性的员工、对企业有认同的员工、愿意与企业长期共同发展的员工。

股权激励不是一定要做的。企业吸引员工、保持员工稳定有很多方式，股权激励只是其中的方式之一，且并不是每个员工都能买得起企业的股权。有的家庭负担很重，您用股权激励他，他也买不起。也许您会说，那让他用获得的奖金来购买股权，但您可能不知道他还有父母要养、有孩子学费要缴、有房子要月供，他可能更需要的是现金，而不是股权。

并不是所有买了股权的员工都忠心于企业、都更加努力的工作；也不是不买股权的员工就对企业不忠心或工作不努力。凡事均不是绝对的，仅是相对而言。所以请不要对不买股权的员工产生不信任感，也不要对买了股权的员工就绝对的信任，要对所发生的事件做出认真分析，并从不同的角度进行分析，这在任何时候都很重要。请不要让员工从您的行为中读到您将企业员工分成了两部分：一部分是股东，一部分是员工。我很认同真格基金徐小平说过的一句话：股权只有1%的股东不是股东，仅是你的员工而已。所以当您进行完股权激励后也请您记住，无论是否购买您企业的股权，他们都是您的员工，虽然是法律意义上的股东，但不是企业战略层面、管理层面的股东。

第六节　股权激励的流程

在这一节中会简单介绍一下股权激励的流程。

首先制定企业的战略目标，至少3~5年。企业的发展要长期稳定，一定要有战略的支撑。战略不是制定后就一成不变的，是要根据企业的发展、外部的情况做适当调整的。战略就好像企业的指南针，明确企业未来的目标和方向。

第二步：根据战略的目标，制定各岗位绩效考核的方案。（提醒：企业对于绩效，应当注重绩效管理的全过程，不能只是简单的考核，否则会流于形式，且结果也不理想。）如果企业的综合管理能力可以满足平衡计分卡的实施，则运用平衡计分卡进行考核可以有效确保战略的落地实施。

第三步：确定股权激励的目的。如果股权激励的目的除了激励还有融资，则可以适度放宽股权激励的范围。

第四步：确定公司需要释放的股权数，多少用于本次股权激励，多少预留用于未来的股权激励。股权激励所用股权从哪里释放出来（是由原有股东转让？还是企业进行增资？）。

第五步：制定股权激励方案，确定哪些人员享有股权、获得股权的方式、多少股数、每股价格、是期权还是立即可行权、是权益结算的股份支付（用公司股份来支付：员工用优惠的购买权来购买）还是现金结算的股份支付（员工获得等价值股份的现金奖励）、是享有分红权还是购买公司股份的权利等涉及的各个方面。

第六步：根据第五步计算出来的本次需要的股权数，与第四步股权数相比，确定是否需要调整股权激励方案或重新考虑需要释放的股权数。

第七步：进行股权激励的事先宣导。股权激励不适合事先就向公司员工宣传，这样容易导致各种猜想，也会导致员工不安心工作，这些情况在本书前面有提及。当股权激励方案完成后要进行宣导，尤其是当企业以前没有进行过股权激励时。宣导的目的是激起员工对股权的热情，这样员工才会积极参与到方案中来，才会愿意积极出资去购买股权。

第八步：宣布股权激励方案。股权激励宣导后即宣布股权激励方案，要向员工进行解读，让员工充分了解股权激励的内容。

第九步：与各激励人员进行沟通。为了确保股权激励方案的落实，企业相关领导要对激励人员进行个别沟通，以鼓励大家积极购买公司的股权。

第十步：召开股权激励大会，签订股权激励协议、退出机制。如果用员工持股平台，这期间还涉及有限合伙企业（或其他组织形式）的设立、合伙协议或入伙协议的签订、办理工商登记手续等。

第十一步：发放股权证书。根据公司的股权激励的情况，对于直接可以行权的员工发放股权证书，正式宣布其股东身份，以鼓励其他人员。

以上只是对股权激励的流程进行简略的介绍和建议，流程不是唯一的，可以根据公司的情况来制定相应的流程。

股权激励是一项专业的工作，请您的专业顾问来参与可以避免一些不必要的事情发生，也确保您的股权激励在财务上是可以进行账务处理的。

第七节　股权激励涉及的问题剖析

一、每股价值是多少？

对于中小企业来说，因为没有上市，所以没有证券市场上的每股股价。对很多企业家来说，似乎企业每股值多少钱变成了一个难题。

站在员工的立场，这个问题就不那么复杂了。因为对于员工来说，知道企业所给股份并不多，所以员工更关心是投资后除身份变成公司股东所带来的荣誉外，能带来多少现实的收益。

所以公司在考虑股权激励时，重点要考虑三个因素：员工对公司的认可度，加入公司股东行列是否让员工觉得有荣誉感；其次就是员工投资公司后能够预期获得多少收益，第二点有时比第一点重要；第三是员工退出机制，员工不想要公司股权时，是否可以退出、以怎样的价格由公司大股东进行回购等。

二、给期权还是立即可行权？

期权：简单来说就是激励的员工达到公司要求的目标后，有权在未来某个时点以公司约定的价格购买公司一定数量的股份。

立即可行权：是指激励的员工现在就可以按公司约定的价格购买一定数量的股份。

究竟是赋予期权还是立即可行权，关键还是看公司的需要，同时即使是立即可行权，公司也是可以对员工所购买的股份进行限制（上市公司则为：限制性股票）。如果公司想通过股权激励的方式达到既激励员工，又募集资金的效果，以解决公司当下资金紧张的问题，那当然选择立即可行权；如果公司资金不紧张，仅仅是为了激励员工，则两种方式都是可以的，关键还是激励方案中具体条款的约定。

无论是哪一种方案，对于未上市的中小企业来说，退出机制是很重要的。所谓退出机制就是当获得股权的员工触发约定的条款后，必须将股份退还给公司、变更工商登记手续等。比如说当一个员工行为上故意损害了公司的利益而被动离职时，则不适合再持有公司的股权。退出机制包括员工不想再持有公司股权时的退出办法。

三、股权激励的员工不信任公司的财务报表、要查公司账目怎么办？

很多中小企业因为一些规范性的问题，包括公司的钱怎么花，老板一个人说了算，把家里的开销也计到公司账上，这种情况在公司不进行股权激励时不会产生矛盾，反正公司就是老板一个人的，但公司一旦进行了股权激励，与员工股东的矛盾就突显出来。

股权激励一般也会包括公司财务负责人，如果这位负责人是位外部请来的经理人，其对财务账目又特别清楚，将一些不规范的信息透露给其他人员，则更会引起员工股东的不满，这时老板发现进行股权激励还不如不进行股权激励。

所以如果企业家想要对自己企业的员工进行股权激励，则一定注意财务账目上的规范性，同时为避免不必要的麻烦，最好和股权激励的员工约定好，公司定期给员工股东看财务报表，但员工股东无权查公司账目。对于员工来说，收益是重要的，所以和员工约定一定的保底收益可以充分解决这个问题。

四、公司目前有两套账，给员工看哪套账？

对于未上市的中小企业家来说，这是个非常棘手的问题。虽然金税三期上线后，企业逃税的空间大大压缩，但还是有一些企业具有两套账，一套给税务局，一套自己看。即使你和他们分析了所面临的法律风险，但有的企业家无奈的是：如果全部按国家要求做，企业就得关门。中国企业的税赋确实是值得讨论的一个话题，尤其是对于成立不久还处于未盈利时期的小企业以及规模不大的中小企业。

我和企业家讨论究竟拿哪套账给员工股东看时，企业家的结论大多趋于一致：给内部账，因为给税务局报税的外部账上一般没有什么利润的；当我给企业家算完一笔账后，企业家再也不愿意将内部账拿出来给员工股东来看。

下面我们就简单来看一下案例，如果给员工股东看内部账将会带来的结果：

假设A公司有企业家王某（法定代表人）及甲两位股东，甲的股权比例为10%，王某为90%。2015年内部账上盈利500万，外部账上盈利200万，王某分给甲共50万利润，其中20万（外部账上甲分得的比例）正常缴纳了个人所得税，30万元（内部账上甲分得的比例）没有给甲申报缴纳个人所得税；王某本人则180万（外账分红比例）缴纳了个人所得税，270万（内账比例）没有缴纳个人所得税。

假定A企业的增值税税率为16%，企业所得税为25%，无税收优惠。

（2018年5月1日起，国家对增值税税率进行调低，原17%的税率调低至16%，11%的税率调低至10%。）

其中300万的盈利差额来自以下：

1. 客户将款项直接打入个人卡的营业收入100万元，没有进账；

2. 虚增原材料成本200万元。

我们来详细算一笔账给各位读者（为了计算方便，以下涉及税收的，仅计算增值税、企业所得税和个人所得税）：

1. 客户直接打款到个人卡收入100万元，企业少缴增值税为：

$100/(1+16\%) \times 16\% = 13.79$ 万元

2. 第1项企业少缴企业所得税：

$(100-13.79) \times 25\% = 21.55$ 万元

3. 第1项中企业的税后利润为：

$100-13.79-21.55 = 64.66$ 万元

4. 虚增原材料成本200万元，企业少缴增值税：

$200 \times 16\% = 32$ 万元

5. 第4项中企业少缴企业所得税：

$200 \times 25\% = 50$ 万元

6. 第4项中企业税后净利润为：

$200-50 = 150$ 万元

7. 以上合计企业少缴增值税及企业所得税为：

$13.79+21.55+32+50 = 117.34$ 万元

8. 企业实际账外的利润为：

$300-117.34 = 182.66$ 万元

9. 王某及甲应缴未缴的个人所得税为：

$182.66 \times 20\% = 36.53$ 万元

当王某按内账的利润进行分配，也就是本来缴纳给国家的117.34万进行了分配，其中11.73万（$117.34 \times 10\%$）分给了甲后，王某及A公司所面临的法律责任及其他后果：

1. 公司少缴增值税及企业所得税117.34万元，需要补缴117.34万元的税收，且面临应补缴税收50%到5倍的罚款（58.67—586.7万元），可能将触犯逃税罪。

2. 王某应补缴个人所得税：$182.66 \times 90\% \times 20\% = 32.88$ 万元；

3. 公司因没有代扣个人所得税所面临行政罚款为应缴未缴的50%到3倍，即18.27万元—109.59万元（36.53×50%–36.53×3）；

4. 王某因虚增原材料成本而让人代开的增值税发票税额为32万元，触犯刑法中的虚开增值税发票罪，被查到可能面临约六年左右的刑期；

5. 王某至此不能再得罪甲，因为甲不高兴时举报王某，王某将面临牢狱之灾。

综上公司面临补缴税款及罚金为：194.28万—813.63万元，王某面临六年多的牢狱风险及补缴个人所得税32.88万元，且面临不敢得罪甲某的压力。

看完上面的数据及法律责任，这时候如果您是王某，您是否还会愿意给甲某看内账呢？您是否还愿意将原本应缴给国家的钱，您承担所有风险及法律责任，将其中一部分分给甲呢？

关键是最后一点，也是最重要的一点：您一定要想清楚，公司是否还要保留两本账？

建议找一位账务顾问做一下税务筹划，合理的避税，不要再逃税、虚开增值税发票了。赚钱重要，但安全的赚钱才更重要。

五、员工的工龄、岗位、职级各自占比或系数多少合适？

这一点并没有固定的模式，每个企业均有不同的经营理念，按您经营企业的理念去做就可以了，不用特别去参照其他企业的做法，适合的就是好的。

六、员工不愿意购买怎么办？

如果员工认同公司，且员工有一定经济能力的话，一般会愿意购买公司的股权；如果员工对公司不认同或不忠诚，则不愿意购买公司的股权；如果员工认同公司但却不愿意购买，那就是出现前面所述的员工购买公司股权考虑的重要因素之一：员工投资后的收益有保障吗？这时候最简单的处理方式是：员工投资后公司承诺员工保底收入，一般是高于银行同期贷款利率为佳，这个也要根据公司的实际经营情况来制定相关政策。

七、已经办理工商注册的员工离职不愿意来办工商手续怎么办？

其实这一点主要是由于公司在进行股权激励时的方案考虑不够周全所导致的，在对员工进行股权激励时，双方协议要约定清楚，当员工触发退出条款时，如果员工不配合到工商办理工商变更手续应当承担的违约后果，这样员工就不太会出现退出后不去工商办理手续，或不肯退出了。

八、如果员工集体离职，要求公司一次性返还入股资金怎么办？

如果公司在进行股权激励时，融资是其中一个因素的考虑，则公司一定要考虑到当员工集体离职，要求退出时，公司可能没有足够的现金支付。这种情况下，建议公司与投资的员工签订合约时约定清楚，用条款规避掉向员工一次性支付回购的股权款。比如可以和员工约定，投资的第一年不允许撤回投资、员工离职退出时，所投资的股权款分二次退回给员工等，只要合理并和员工解释清楚，员工一般都是能够接受的。

第三部分 综合案例

第一章　股权融资、股权激励与商业模式结合的设计案例

本案例根据实际案例改编，隐去了公司的名字以及涉及公司商业机密的部分，敬请理解。

案例背景：H公司是一家互联网公司，主要是为某一行业的企业进行服务，成立不到三年，拥有会员近二万人，员工20人左右；H公司每年均有盈利，没有进行过融资，现金流及利润均良好，但员工稳定性欠佳。

H公司虽然规模不大，在所属行业内的名气可以排到第四位，为了公司能够在短期内迅速发展、行业排名可以达到第一位的目标，H公司于2016年底制定了五年的战略规划，其中目标之一就是五年内上市。这样公司在这五年内就要快速的发展，资金与管理人员目前均无法满足公司发展的需求。

针对H公司目前的状况及未来发展的需要，我们对其进行了综合性的股权激励及融资，团队建设也融在股权激励当中，在这里我们忽略其中的过程，仅就结果向大家做简单的介绍。

为了配合融资及股权激励，我们搭建了五个持股平台，两个面向城市合伙人开放，两个面向地方供应商开放，一个为员工持股平台。

1. 城市合伙人的股权激励及融资计划

这项设计的前提是H公司的会员对公司比较认可，愿意和公司一起长期发展，同时为了配合这一计划，公司在计划公布之前先与行业内某知名公司达成战略合作，让会员对公司的未来更加有信心，在向会员释放这一信号之后，公司进行了城市合伙人计划的公布。

公司的股权拆成了1亿股,城市合伙人持有平台(2个)共持有公司460万股,占公司总股份的4.6%。

城市合伙人计划招募68人,分为6批进行,每批时间和股价为:

表1-1 城市合伙人股权激励方案

出资额单位:万元　　股数单位:万股

批次	人数	价格(元)	每人出资额	总出资额	每人持股数	所持平台股数
第一批	8	1	10	80	10	80
第二批	10	1.5	15	150	10	100
第三批	20	3	18	360	6	120
第四批	30	5	20	600	4	120
合计:	68			1190		420

在城市合伙人股权激励方案中,对城市合伙人加入的条件、预期收益、权利及义务做出详细的约定;对所投资的金额、所拥有H公司股权的前提、退出机制等做出约定。

需要提醒的是,上述的城市合伙人均产生于公司的会员企业,对公司认可,愿意同公司一同发展。您不能对不特定的公众进行上述融资行为,那样有可能触犯非法吸收公众存款罪或非法集资罪,请在专业人士的协助下进行融资。

2. 供应商的股权激励方案

为了保证公司稳定的发展,H公司为与各地的供应商建立长期稳定的合作,采取了用股权捆绑的方式,向重要的供应商释放一定数量的股份,并与供应商达成产品的长期战略合作协议。

与供应商的合作,建立的前提是供应商对公司未来发展的信心,并且公司给予供应商一定的承诺,达不到预期目标时,H公司将供应商购买的股份,以约定计算方式得到的价格进行回购。

与供应商合作当中的股权释放方案相似于向城市合伙人的股权释放，这里不再做详细的叙述。

3. 员工股权激励与团队建设

这一部分股权激励设计方案主要为了达成两个目的：迅速招募并培养管理人员、提升公司的市值。考虑到这一阶段公司更多的是投入，所以员工入股后也不会有太多的分红，公司也无法承受给员工固定的收益，所以就将公司的股权设计成特殊的产品，受激励的员工除了出资购买公司一定数量的股份外，还为受激励的员工准备一定数量的股份（以下简称"预留股"），这部分股份员工不用出资购买，而卖给公司下一期受股权激励的员工而获得收益，这样现有的员工就愿意更加努力的工作。

在上述激励方案中要注意的是，首次受激励员工所获得的预留股，在卖给下一批员工时，所收到的款项中员工的收益是不能直接给员工的，要在下一批员工稳定后才可以支付，否则一旦第二批员工不稳定，要求受益的员工退回款项则是比较麻烦的。

下图表中简单摘取了部分人员的数据，供大家参考。

表1-2 员工持股平台股权分配

说明：工龄满一年以上系数为1.2，其他均为1

持股平台—总股数：			300万股		股数单位：万股		出资金额			股价单位：元		
序号	姓名	职务	级别	股权基数	岗位级别系数	工龄系数	分配股数	预留股	总股数	2017年股价	出资额	实际出资	2018年股价	2019年股价
1	A	董事长	1	10	3	1.2	36	18	54	0.5	27	18	1.5	3
2	B	CEO	2	10	1.5	1	15	7.5	22.5	0.5	11.25	7.5	1.5	3
3	C	副总	3	10	1.5	1.2	18	9	27	0.5	13.5	9	1.5	3
4	D	事业部总经理	4	10	1	1	10	5	15	0.5	7.5	5	1.5	3
5	E	事业部总经理	4	10	1	1.2	12	6	18	0.5	9	6	1.5	3
6	F	总监	5	10	0.8	1	8	4	12	0.5	6	4	1.5	3
7	G	总监	5	10	0.8	1	8	4	12	0.5	6	4	1.5	3
8	H	经理	6	10	0.5	1	5	2.5	7.5	0.5	3.75	2.5	1.5	3
9	L	经理	6	10	0.5	1.2	6	3	9	0.5	4.5	3	1.5	3
10	M	主管	7	10	0.3	1	3	1.5	4.5	0.5	2.25	1.5	1.6	3
合计：							121	60.5	181.5		90.75	60.5		

H公司通过上述三种方案的股权释放,共募集资金约2000万元,有效支撑了公司的发展战略,为公司快速发展提供了有力的支持。

第二章 产品融资、供应商融资、银行贷款、小额贷、法人贷相结合

项目的背景介绍:M公司是一家高科技公司,主要是生产电子高端产品,产品目前属于供方市场,且目前是供不应求。为了扩大生产,M公司需要新租厂房、购置设备、增加新的生产线,总共约需要5000万元,其中厂房政府给予了三年的免租金支持、设备购买首期2000万元,安装完成后支付1000万元,1000元的原材料款,500万的运营资金,200万的保险储备,300万生产前所有费用支出(装修、管理费用等)。

新建生产线产能为月二万件,单价500元,单位成本300元,销售额1000万;年销售额12 000万元。

由于M公司成立八年多来规模并不大,目前能够支付的现金也只有1000万元,这对于后续投资是远远不够的。

M公司新厂房装修准备期、设备首付款购买及安装完成约三个月。

针对上述情况,我们主要是从产品、供应商、银行借款、小额贷款公司、法人贷等几个方面去解决公司的资金问题。解决上述资金是有前提的,那就公司未来的产品销售可以支撑贷款的按期偿还。

1. 向客户预售三个月的产品,客户预付订单的60%款项,付款后三个月

交货，提货时支付剩余的40%；收到预付款：2×500×3×60%＝1800万元；

2. 设备首期2000万预付款中，向供应商支付2000万，并向供应商借款1000万（尾款），按年利率12%支付供应商利息；

3. 向银行借款600万，用应收账款做质押；

4. 向6家小额公司借款共300万；

5. 用法人贷借款300万，法定代表人个人向银行借款，在公司有一定流水的时候，银行会给法人一定额度的贷款，利率不高。

以上几种方式共筹集资金4000万，顺利完成新生产线的组建工作。

第三章 国内上市案例介绍

本章内容主要是通过案例的形式，向大家介绍一下国内上市的流程，虽然富士康可以以最短36天的时间破纪录通过IPO审核，但大部分公司还是要走正常流程的。

公司背景：Z公司是一家食品商业连锁性质的有限责任公司，属于家族性企业。公司成立超过八年，旗下有800家门店，员工超过4000人；虽然员工人数巨大，但多为网点营业人员。公司属于轻资产企业，门店房产多为租赁，但公司盈利能力较强，现金流及利润均良好。公司为了扩大规模、规范经营，启动国内A股IPO上市程序。

由于Z公司收入、利润等各项财务指标均已达到国内IPO上市的法定条件，因此Z公司找到我们，由我们担任Z公司上市的财务顾问，帮助公司寻找洽谈券商、律师、会计师等中介机构。

在确定中介机构过程中，我们提出由于国内IPO仍然属于审核制，因此审核部门对中介机构的综合评价对项目会有较大影响。因此我们建议公司应当选择在业内业绩、口碑均为一流且排名靠前的中介机构。对此，公司采纳了我们的建议。

在Z公司确定中介机构后，且我们和中介机构参加了数次项目协调会及早期对公司尽职调查后，中介机构提出了几项重要建议给公司，举例如下：1.公司目前的统计及财务系统已经不能满足800家门店的经营要求，需要加大投入调整经营管理系统；2.公司仍然存在散装经营的食品，需要全部调整为预包装食品，一方面满足食品安全的要求，另一方面也便于统计和核算；3.公司和实际控制人及其控制的其他经营组织存在同业竞争和关联交易，公司独立性尚存疑，需要通过关、停、并、转等方式予以规范。4.公司需要对核心管理人员实施激励，以实现员工与公司的共同发展；5.公司需要在改制前后引入财务投资人，对公司将来在资本市场的资源调配更为有利。中介机构还罗列了不少其他需要改进和调整的问题，此处不再赘述。通常我们和中介机构提出的建议，不仅仅是IPO规范方面的，还有很多是从企业持续或扩大经营的角度出发所提供的意见和建议。

对于我们和中介机构提出的问题，Z公司同意进行整改。但规范的过程却出乎我们意料。由于同业竞争和关联交易的整改，涉及实际控制人重大利益的放弃，且实施关联企业之间的重组后，公司及实际控制人的相关税负大幅增加，因此公司曾一度考虑放弃IPO。但是，考虑到公司所处的竞争环境，不上市未来就有可能丧失持续发展，甚至被更大的企业吞并，同时通过规范,公司的财务体系独立了,各项数据明朗了,公司的实际经营能力也显露出来了。因此,实际控制人最终放弃了短期的利益,同意按中介机构的要求进行彻底规范。通常我们和中介机构会要求公司进行规范,如果公司有重大瑕疵不规范,公司就不宜进行股份制改造。因此,对于Z公司这一过程用了整整三年。

公司按要求规范后,即进入IPO申报前的加速通道。公司通过审计和评估,确定了股改基准日,并在此基础上依法改制为股份有限公司。股份公司设立后,通过增资扩股的形式,先后引入核心员工成立的员工持股平台公司和部分财务投资人作为股东。所引入的资金多用于公司管理系统改造升级、食品安全管理体系升级、物流仓储基地建设、办公研发培训基地建设等。

上述增资扩股完成后,公司即开始准备申报材料并上报证监会。证监会在受理申报材料后,在证监会网站对公司招股说明书申报稿进行预披露,并由其预审部门进行预审,预审部门提出有关公司经营、财务、法律等方面的各项反馈意见,公司及中介机构则根据反馈意见的要求逐项进行反馈。在此期间,公司由中介机构持续辅导,指导公司的管理团队和财务部门规范开展工作。当预审部门的预审和反馈工作结束,即安排见面和初审会,初审会通过后,即安排公司进入发审会环节,最终由7名发审委员组成的发审会对公司的IPO申请进行现场问答审核。

功夫不负有心人,Z公司最终通过了发审会审核,并就发审会提出的问题于事后进行了反馈,五个月后Z公司取得了证监会核准同意发行股份的批文。批文取得后,券商承销部门即配合公司刊登招股意向书和发行公告,进行路演，并进行网下询价和网上发行，在交易所的安排下完成对投资者的配售，最终Z公司首次发行的股票在证券交易所挂牌交易。

结束语

感谢您对本书的耐心阅读，希望对您有一定的帮助。同时希望您通过关注我的公众号，对本书提出宝贵的意见、建议及您的需求，我会认真阅读每一位的意见、建议及需求，并给予您及时的回复，同时在改版本书时，将您的需求加进去。在此先对您说一声：谢谢！